中职学生家国情怀涵育

主　编

刘享友　重庆市荣昌区职业教育中心

胡　佳　重庆市荣昌区职业教育中心

副主编（按姓氏音序排序）

甘新伟　重庆市荣昌区职业教育中心

刘　青　重庆市荣昌区职业教育中心

刘晓梅　重庆市荣昌区职业教育中心

伍国鑫　重庆市荣昌区职业教育中心

参　编

邹　荣　重庆市荣昌区职业教育中心

蒋世达　重庆市荣昌区职业教育中心

邓茂成　重庆青年职业技术学院

贺　玲　重庆市渝北职业教育中心

杨晓霞　重庆市旅游学校

罗思熊　重庆市护士学校

黄继鑫　重庆市荣昌区职业教育中心

张文静　重庆市荣昌区职业教育中心

主　审

杨　飏　重庆城市管理职业学院

重庆大学出版社

图书在版编目（CIP）数据

中职学生家国情怀涵育 / 刘享友, 胡佳主编.
重庆：重庆大学出版社, 2024. 12. -- ISBN 978-7
-5689-4746-6

Ⅰ. G631.4

中国国家版本馆CIP数据核字第2025VA3467号

中职学生家国情怀涵育

主　编　刘享友　胡　佳
策划编辑：章　可

责任编辑：杨育彪　　版式设计：章　可
责任校对：邹　忌　　责任印制：赵　晟

*

重庆大学出版社出版发行
出版人：陈晓阳
社址：重庆市沙坪坝区大学城西路21号
邮编：401331
电话：（023）88617190　88617185（中小学）
传真：（023）88617186　88617166
网址：http://www.cqup.com.cn
邮箱：fxk@cqup.com.cn（营销中心）
全国新华书店经销
重庆永驰印务有限公司印刷

*

开本：787mm×1092mm1/16　印张：13　字数：199千
2024年12月第1版　2024年12月第1次印刷
ISBN978-7-5689-4746-6　定价：39.00元

前　言

习近平总书记指出，爱国，是人世间最深层、最持久的情感，是一个人立德之源、立功之本。习近平总书记强调"家是最小的国，国是千万家"，这一论述深刻揭示了家庭与国家之间的紧密联系，表达了中华儿女对家庭和国家的深厚情感。对中职学生进行家国情怀的涵育具有深远的意义，它不仅关乎学生的个人成长，更关系到国家的未来和中华民族的伟大复兴。

从学生个人成长需求层面上讲，一是培养学生民族认同感和归属感。家国情怀的涵育能够让学生深刻认识到自己生于华夏，是中华民族大家庭中的一员，从而增强民族认同感和归属感。这种认同感和归属感是学生形成健全人格、树立正确价值观的重要基础。二是提升学生思想道德品质。在家国情怀涵育的过程中，学生会接触到许多优秀人物、民族文化和传统美德，如忠诚、爱国、勤劳、勇敢等。这些优秀人物、文化和美德的熏陶能够提升学生的思想道德品质，让他们成为有担当、有责任感的公民。三是促进学生全面发展。家国情怀涵育不仅是对学生进行思想教育，更是通过一系列实践活动和课程安排，促进学生的全面发展。这些活动和课程能够锻炼学生的组织能力、沟通能力、合作能力等，为他们未来的职业生涯打下坚实的基础。

从国家和社会层面来看，一是培养爱国人才。中职学生是国家未来的建设者和接班人，他们的家国情怀直接影响国家的兴衰和民族的命运。通过家国情怀的涵育，可以培养出一批具有爱国情怀、愿意为国家发展贡献力量的优秀人才。二是促进社会和谐稳定。在家国情怀涵育的过程中，学生会形成对家庭、社会和国家的责任感和使命感。这种责任感和使命感能够让他们更加关注社会热点问题，积极参与社会公益事业，从而推动社会变得和谐稳定。三是传承和弘扬中华民族优秀文化传统。家国情怀涵育的重要内容之一是传承和弘扬中华民族优秀文化传统。这些文化是中华民族的精神命脉和文化根基，通过家国情怀的涵育，可以让学生更加深入地了解和热爱自己的民族文化，从而增强文化自信和文化认同感。

本书结合中职学生成长和课程思政、思政教育课堂相关要求，从家国情怀的内涵、具体表现、时代价值等方面进行了诠释，列举了从西周、春秋时期的诸子百家到新时代建设者中50余位优秀典型人物的生平事迹，以培养中职学生对家国情怀的深厚情感和责任担当，对家庭和国家的热爱与忠诚，对传统文化的传承和弘扬，教育和引导中职学生积极践行家国情怀，为家庭幸福和中华民族伟大复兴贡献自己的力量。同时，期望本书能成为广大职业教育工作者的课程思政和思政课程的工具用书，牢记教育初心，着力培育中职学生的家国情怀，完成"为党育人、为国育才"的使命。

本书由重庆市荣昌区职业教育中心刘享友、胡佳担任主编。第一章由重庆市荣昌区职业教育中心刘享友、刘青编写；第二章由重庆市荣昌区职业教育中心胡佳、重庆青年职业技术学院邓茂成编写；第三章、第四章由重庆市荣昌区职业教育中心伍国鑫、蒋世达、黄继鑫和重庆市渝北职业教育中心贺玲编写；

第五章由重庆市荣昌区职业教育中心邹荣、重庆市旅游学校杨晓霞编写；第六章由重庆市荣昌区职业教育中心甘新伟、重庆市护士学校罗思熊编写；第七章由重庆市荣昌区职业教育中心刘晓梅、张文静编写。重庆市荣昌区职业教育中心刘享友对全书进行了统稿，重庆城市管理职业学院杨飏进行了审稿。

本书的编写得到了重庆城市管理职业学院、重庆青年职业技术学院等兄弟院校的倾力指导和帮助，在此一并表示衷心感谢。由于编者水平有限，书中难免存在不妥之处，恳请广大读者批评指正。

编者

2024 年 10 月

目 录
CONTENTS

第一章

家国情怀概述

《孟子》有云："天下之本在国，国之本在家，家之本在身。"家是国的基础，国是家的延伸，在中国人的精神谱系里，国家与家庭、社会和个人都是密不可分的整体。家国情怀首先表现为对国家和民族共同体的认同、深厚真挚的民族精神、爱国思想。

"在中华民族的精神血脉和中华儿女的精神原乡中，'在家尽孝，为国尽忠'的家国情怀始终绵延不断、历久弥新"，成为中华优秀传统文化底蕴中最为浓烈的精神底色和中华儿女最为真挚的情感共鸣。回望历史，可以发现，每当家国处于危亡绝域、民族身处苦难艰险时，国人都能凝心聚力慨然不败，究其本源，则是"为国尽忠"这一嵌入国人血统之中的家国情怀释放出强大的凝聚力，鼓舞着个体以天下和国家为己任。

党的十八大以来，习近平总书记也在多个重要场合反复强调家风和爱国主义的重要性，《新时代爱国主义教育实施纲要》也明确提出，实现中华民族伟大复兴的中国梦，要"厚植家国情怀，培育精神家园，引导人们坚持中国道路、弘扬中国精神、凝聚中国力量"。

既然要讨论"家国情怀"这一名词，就必须先对家国情怀的内涵和构成维度进行分析和阐释，厘清、界定，并把握好"家国""情怀""家国情怀"等基本概念，进而才能在此基础上展开论述。

一、何谓"家国情怀"

关于"家"，《说文解字》曰："居也。从宀，豭省声。""家"是一个会意兼形声字，由"宀""豕"组成，上半部分的"宀"表征了房屋的外形，表示与室家有关；下半部分的"豕"的古字形像猪的形状，两部分合在一起成为"家"。所以家，原意是指房屋、住宅，后逐渐引申为家庭、每家、学术或艺术流派等词义，再引申为家族、家园，也可指个体成长、居住的家乡。

关于"国"，则曰："邦也，从囗从或。"本义是"宫城""城邑"，后逐渐引申为诸侯国、国家、封地等含义。周代制礼作乐，诸侯封地称之为"国"，天子居于"中国"而有"天下"。进入现代社会，一般而言，"国"是指集合了国土、人民、政府三要素所组成的"共同体"，是社会发展到一定阶段、拥有社会治理权力的产物。

关于"家国"，《史记·本纪》载武王讨伐殷纣王曰："今殷王纣维妇人言是用，自弃其先祖肆祀不答，昏弃其家国，遗其王父母弟不用，乃维四方之多罪逋逃是崇是长，是信是使，俾暴虐于百姓，以奸轨于商国。""家国"即家与国，也指国家，它的出现表明中华传统文化语境中"家"与"国"之间已形成带有高度内嵌性与重叠性的紧密联系，即家国相连、家国同构，家是"小国"，国是"大家"。这一点在《孟子·离娄上》中也得到体现："天下之本在国，国之本在家，家之本在身。"这句话很精要地概括出先秦时期的"家国同构"。

"情怀"是一种感情、一种心境、一种认同感和归属感。情怀在作为某种概念使用时须加上定语予以界定。如本文论述的"家国情怀"便是一种特定的"情怀"，是人们对国家、民族、文化以及家国命运共同体的一种强烈的认同情感，是对所属国家的一种归属感、责任感和使命感，表现为社会成员对家庭、对社会、对国家的深情大爱，对自身发展、家庭和睦、社会和谐、国家富强、人民幸福的期待和追求。

"家国情怀"是在中国传统文化中慢慢积淀形成的。它源自古代士大夫阶层对自我圈子的优越感和自我陶醉感。绝地天通，巫觋分离，春秋战国之际，学术不断下移，普通的国人与百姓开始形成钻研文化知识的小团体，一般称作士阶层。士阶层以读书为主，惠施"其书五车"是士的代表人物。士有着独特的人格意识，孔子曰"三军可夺帅也，匹夫不可夺志也"（《论语·子罕》），孟子曰"富贵不能淫，贫贱不能移，威武不能屈"（《孟子·滕文公下》）等都是这种人格的反映。随着贵族没落，士阶层崛起，不仅导致了士与其他阶层的分化，还影响了士与士之间的关系，士的共同体意识开始上升。他们以文会友，将其他人排斥在外，有着某种优越感。子曰："民可使由之，不可使知之。"（《论语·泰伯》）就有这种思想倾向。这种思想在魏晋时期得以强化，玄学就成了士族文人孤芳自赏的代名词。士大夫赖以安身立命的立德、立功、立言，在魏晋社会根本施展不出来，于是"穷则独善其身，达则兼善天下"，就拿名教来遮掩，玄学家们"辨明析理"，开始营造起一个远离现实、抽闲虚玄、相对封闭的"精神家园"。最后，政治变迁、王朝更迭、民族战争，遗民旧臣怀念前朝，不忘故土，不忘国家，把"家国情怀"由内而外推上了台面。屈原"举世皆浊我独清"，柳宗元"凭寄还乡梦，殷勤入故园"，韩愈"大丈夫文武忠孝，求士为国，不私于家"，苏轼"天涯倦客，山中归路，望断故园心眼"，文天祥"山河破碎风飘絮，身世浮沉雨打萍"，顾炎武"天下兴亡匹夫有责"，黄宗羲"出仕为天下"，这些文人儒士的恋家、思乡、忧国忧民之情怀逐渐被沉淀而汇聚起来。鸦片战争爆发以后，西方列强打破了近代中国人的宁静生活，人们遭受战争、投降、割地、赔款，妻离子散，国破家亡，士大夫的那种天生的优越感荡然无存，承接的则是文人志士对亡国灭种的一种自省和情结，这种情怀被重构成"家国情怀"。这种情怀支撑一代又一代文人志士前赴后继、救亡图存、苦苦探索。可以说，"家国情怀"是近代中国思想文化现实的累积产物。

讲到这，何为"家国情怀"？有学者认为，其概念是多层次的：

第一，"家国情怀"起源于士大夫的人文信仰和人文精神，是古代知识分子对阶级优越性的自我标榜，具有狭隘性。

第二，"家国情怀"在形成过程中，与儒家思想的三纲五常、宗族伦理、个体意识是密不可分的，是经历了战争失败、骨肉分离、国破家亡之后伤痛思维的沉淀。

第三，"家国情怀"是近代特殊社会历史的思想产物，士大夫的人文精神不断下移，是士大夫精神在整个民族遭受苦难之后精神的重构，千锤百炼，浴火重生。近代的"家国情怀"带有很强的积极、正面意义。

第四，"家国情怀"具有时代性，随着时间的推移，这种超越民族、意识形态的优秀文化传统在社会建设、国家统一、展现民族凝聚力等方面都开始发挥作用。

那么，我们当前所说的"家国情怀"就应该是作为个体的人在中国传统文化影响下，对价值共同体持有的一种高度认同，并促使认知共同体朝着积极、正面、良性的方向发展的一种思想和理念。

家国情怀是中国传统文化中一个重要而深刻的思想内涵，它强调个人对自己家庭和国家的认同和热爱。这种情怀源自中国传统的儒家思想，认为个人应当以家庭和国家的利益为重，为家庭和国家的繁荣和发展而努力奋斗。

二、"家国情怀"的内涵

家国情怀的形成，与贯穿中国传统社会始终的"伦理本位"家国模式有着密切的关系，这一模式强调家庭、家族、邦国的组织结构一致性以及利益关系的荣辱与共性，"修身、齐家、治国、平天下"既是儒家念兹在兹，不断追求的"八条目"中的重要目标，也是"家国情怀"系统表述。家国情怀，是指在一定政治、经济实践基础上形成的"个体对家庭、家族以及邦国共同体的认同、维护、眷恋、热爱，并自觉承担共同体的责任"，是个体道德理念与道德行为的统一。它体现着个体对家庭美德的实质践行以及对国家和人民的深厚情感和使命担当，凸显着个体对家国一体、以国为家的认知体悟，这种对家国关系的认知与体悟构成了家国情怀的基本内涵：

家国情怀蕴含着修身齐家治国平天下的大同理想。儒家强调个人与国家之间的逻辑关系，认为只有修身才能齐家、治国、平天下。遵循由己到人，由个体逐渐扩散到天下的模式，家国情怀体现了个人对家庭、国家乃至天下的大同理想。在这种理念下，个人修养的提升、家庭的和睦、国家的繁荣和天下的和平成为一个有机的整体，相互促进、相互依赖。

家国情怀蕴含着个人与国家紧密相连的命运共同体意识。在现代社会学中，无论是家的意识，还是国的意识，都可以划入共同体意识之中。共同体意识是一种传统意识，个人的所有行为都必须要符合共同体的需要，个人不能凌驾于共同体的需求之上，儒家提倡的忠孝、礼仪、廉耻这些道德要求，都是为共同体服务的，带有很强的共同体意识印迹。中国人自古就认识到，个人成长与国家发展命运相连、休戚与共，从范仲淹"先天下之忧而忧,后天下之乐而乐"(《岳阳楼记》)、夏完淳"无限山河泪,谁言天地宽？"(《别云间》)、文天祥"山河破碎风飘絮,身世浮沉雨打萍"(《过零丁洋》)，到近代林则徐"苟利国家生死以,岂因祸福避趋之"(《赴戍登程口占示家人》)、宋教仁"白眼观天下,丹心报国家"，无一不透显着个人命运与国家命运的紧密相连。没有国何以为家，正是这种命运共同体意识体现着个人对国家的认同感、归属感、使命感，同时也寄托着古人在战争频发、民不聊生的年代里对国家长治久安的追寻。最后，家国情怀蕴含着在家尽孝、为国尽忠的人格追求。自汉武帝提出"罢黜百家,独尊儒术"后，儒学成为中国封建社会的主导思想，"家国一体"的社会治理模式也成为统治阶级用来构建、规范、约束王朝内部的主要方式。这一社会治理模式深刻影响着中国古代的社会习俗与道德规范。在家尽孝、为国尽忠是中华民族对于家国情怀的传承，也是家国情怀最为核心的内涵。一方面，正所谓

"百善孝为先"，在家尽孝是中国社会道德规范的基准起点。《孝经·圣治章》中有记载："天地之性，人为贵，人之行，莫大于孝。"这句话是说在人类的行为之中，没有比孝道更大的。可见，孝是中国古代伦理思想的重要范畴之一，对于规范人们行为有着重要作用。另一方面，为国尽忠则是更高层次的道德追求，是在家尽孝的延展和升华。忠诚出自孝子之门。中国自古以来非常看重忠、孝、礼、义，若一个人不忠不孝，即使个人能力再强，也不会被委以重任，正如孔子所言："君子之事亲孝，故忠可移君。"（《孝经·广扬名》）一个人只有在家侍奉父母时能尽孝，才能为国君尽忠。在"在家尽孝，为国尽忠"的传统文化熏陶下，忠孝文化成为国人的启蒙教育内容之一，其内含的爱国主义与高尚节操也在无形中塑造着华夏儿女的心理状态。

三、"家国情怀"的具体表现

家国情怀的具体表现形式多种多样，包括但不限于以下几个方面：

1.家庭观念：家国情怀首先表现为对家庭的认同和热爱。在中国传统文化中，家庭是社会的基本单位，个人应当以家庭为中心，关心家庭成员的安乐和幸福。

2.乡土情结：家国情怀也表现为对家乡的热爱和关注。在中国传统文化中，家乡是一个人的根和灵魂，个人应当为自己的家乡做出贡献，为家乡的发展和繁荣而努力奋斗。

3.国家意识：家国情怀还表现为对国家的认同和热爱。在中国传统文化中，国家是家庭和社会的保障，个人应当以国家利益为重，为国家的繁荣和发展而努力奋斗。

4.民族情感：家国情怀也包含对民族的认同和热爱。在中国传统文化中，民族是一个共同的文化和历史背景，个人应当为自己的民族感到自豪，并为民族的发展和进步而努力奋斗。

5. 社会责任感：家国情怀体现在个人对社会的关爱和责任承担。在中国传统文化中，个人被期望关心社会大众的福祉，积极参与社会公益事业，以行动践行社会责任，助力社会和谐稳定。

6. 文化传承：家国情怀还表现在对传统文化的尊重和传承。在中国传统文化中，文化是民族的灵魂，个人有责任传承和发扬民族文化，使之世代相传、繁荣兴盛。

7. 爱国主义：家国情怀强调对国家和民族的忠诚与热爱。在中国传统文化中，爱国主义是一种崇高的精神品质，个人应当为国家民族的繁荣富强而努力奋斗，捍卫国家尊严和民族尊严。

8. 和平理念：家国情怀倡导和平和谐的价值观念。在中国传统文化中，和平是一种宝贵的道德品质，个人应追求和平、反对战争，致力于维护世界和平与人类共同发展。

四、"家国情怀"的时代价值

时至今日，"家国情怀"作为优秀传统文化的基本内容之一，被赋予了重要的时代价值。徐文秀在《人民日报》发表评论认为："家国情怀"是一个人对自己国家和人民所表现出来的深情大爱，是对国家富强、人民幸福所展现出来的理想追求。它是对自己国家一种高度认同感和归属感、责任感和使命感的体现，是一种深层次的文化心理密码。"家国情怀"是社会主义核心价值观的学理基石，它以个人为主体，以家国同构为对象，用传统文化把个人、家庭、国家联系在了一起，同呼吸，共命运，你荣她兴，你辱她耻。"家国情怀"，让人饮水思源，不忘本，不忘祖，血脉相连。

1. 涵育"家国情怀"是现代化强国建设、民族复兴征程上凝心聚力的客观需要。在新的历史时期，"家国情怀"作为中华优秀传统文化的重要组成部分，对现代化强国建设和民族复兴征程具有重要的现实意义。面对世界格局的不断变化，我国正努力实现高质量发展，推动经济社会持续健康发展。在这一过程中可能会面对"风高浪急甚至惊涛骇浪的重大考验"，对此，我们必须保持足够的清醒并做好充足的准备。立足实现中华民族伟大复兴的关键期，我们尤其需要以厚植"家国情怀"来强化人们的家国担当和使命意识、激发全国各族人民团结奋斗的向心力和凝聚力，把亿万中华儿女的智慧和力量汇聚到实现第二个百年奋斗目标上，共同朝着实现中华民族伟大复兴的既定目标坚定前行。

2. "家国情怀"是弘扬爱国主义精神、践行社会主义核心价值观的重要载体。在新时代背景下，"家国情怀"进一步强调了爱国主义精神的重要性。爱国主义是中华民族的核心价值观之一，是激励一代又一代中华儿女为国家独立、民族振兴和人民幸福而不懈奋斗的强大动力。通过弘扬家国情怀，我们能够引导广大人民群众树立正确的历史观、民族观和国家观，坚定"四个自信"，践行社会主义核心价值观，为实现中华民族伟大复兴的中国梦而努力奋斗。

3. "家国情怀"是推动社会和谐发展、促进人类共同进步的世界性价值。在全球化深入发展的今天，"家国情怀"不仅是中国人民的内在精神追求，更是构建人类命运共同体的重要基石。"家国情怀"强调民族大义、世界大同，提倡和平共处、互利共赢，倡导人们以宽容的心态看待不同文化、尊重各国人民自主选择发展道路的权利。通过弘扬家国情怀，我们能够为促进世界多样性文化交融、推动人类社会共同发展贡献中国智慧和中国方案。

4. 涵育"家国情怀"是应对全球化时代家国认同遭遇挑战的必然要求。随着全球化的深入推进，人们的生活方式、价值观念和家国认同都面临着巨大的挑战。在这样的背景下，"家国情怀"作为一种强烈的文化认同和精神纽带，能够帮助我们坚定文化自信，维护国家主权和文化独立，增强民族凝聚力和向心力。

5. "家国情怀"是中华优秀传统文化中带有独特精神标识的重要内容。千百年来，它不仅是矗立于华夏儿女内心深处的精神支柱，更是支撑中华民族保家卫国、不断奋进进而实现民族复兴的最强声音与力量源泉。时至今日，"家国情怀"仍然是一代代中华儿女共同的情感认同与价值追求，是每一个中国人都应具备的优良品质。当前，我国正处于实现中华民族伟大复兴的关键时期，国内外各种危险挑战与现实问题接踵而至，如经济社会变迁带来的价值错乱和价值无序现象、"熟人社会"逐渐向"陌生人社会"转型、不良文化思潮的沉渣泛起、"东升西降"下的国际格局日益凸显……这些问题与挑战的出现更需要中华儿女坚守家国情怀，凝聚爱国力量、报国之志，也更加印证了"家国情怀"于今日之中国的重要性。

第二章

日出东方　光耀世界的华夏史

第一节　西周、春秋时期的诸子百家

在遥远的西周与春秋时期，中华大地上涌现出无数英雄豪杰。他们以卓越的智慧和崇高的家国情怀，为这片土地的繁荣与进步做出了巨大贡献。

▌▌代表人物 ▌▌

西周、春秋时期诸子百家是中国思想文化史上一个重要的阶段，各种思想流派涌现，形成了百家争鸣的局面。以下是一些主要学派的代表人物的生平简介。

一、孔子

孔子（公元前551—公元前479年）是儒家学派的创始人，他的思想对中国及东亚文化产生了深远的影响。他主张仁、义、礼、智、信，强调君子的品德和行为应该以仁为核心。孔子还提倡"礼乐教化"，认为礼乐之治是国家安定的基础。

孔子作为儒家学派的创始人，他的家国情怀主要体现在以下几个方面：

1.致力于教育：孔子自年轻时即打破官学世守的传统，开坛授学，有教无类，潜心培养更多传道之士。他希望通过教育的方式，来为社会培养出更多有道德、有知识、有能力的人才，从而为国家的繁荣稳定做出贡献。

2.推崇仁政：孔子在担任官职时，推崇仁政，宣扬礼制，力图实现"君君、臣臣、父父、子子"的王道之治。他主张以仁爱为中心的道德伦理，希望君王能够以德治国，以孝悌来治理家庭，从而让社会更加和谐稳定。

3.心系国家：孔子在听到齐国准备攻打鲁国的消息后，马上召集随行弟子商议救援之事。他视祖国为自己的根、自己的父母，表现出对国家的高度热爱和忠诚。

二、孟子

孟子（约公元前 372—约公元前 289 年）是儒家学派的重要代表人物之一，他主张仁政、性善论。他认为仁政是国家治理的基础，强调君主的道德责任和仁爱之心。孟子还认为人性本善，人的本性具有仁、义、礼、智等美德，但需要通过教化和修养来发扬光大。

孟子作为儒家学派的代表人物，对家国情怀有着深刻的思考和实践。在《寡人之于国也》中，孟子与梁惠王之间展开了一次关于国家治理和家国情怀的对话。梁惠王向孟子表达了自己对国家的忧虑，认为自己对国家已经尽心尽力，但邻国的人没有减少，自己国家的人也没有增多。孟子则以"五十步笑百步"的故事为引子，引导梁惠王思考如何真正做到对百姓负责，对国家治理负责。

孟子强调的是"仁政思想"，认为只有实行仁政，才能得民心；得民心，才能得天下。这也是孟子"民本"思想的体现，即爱人民、爱国家。孟子认为，只有真正关心人民，才能得到人民的拥护和支持，才能实现国家的长治久安。

总的来说，孟子关于家国情怀的事迹体现在他对国家治理的思考和实践，以及他深刻理解并实践的"仁政"思想中。

三、庄子

庄子（约公元前 369—约公元前 286 年）是道家学派的代表人物之一，他主张无为而治、齐物我本无间。他认为一切事物都是相对的，没有绝对的标准和界限。庄子提倡"无为而治"，即让事物按照自己的规律自然发展，不强行干预和强制改变。他认为人类应该齐物我本无间，消除差别和偏见，以平等的心态看待万物。

庄子是道家学派的代表人物之一，他的思想强调自由和自然，但也包含了对社会和家庭的深刻思考。他认为家国情怀是一种对家庭和国家的责任感和使命感，是一种对国家和人民的忠诚和热爱。他主张人们应该摆脱个人得失的束缚，把家国利益放在首位，一心为国家和人民服务。他的著作《逍遥游》既展现了一种超脱世俗的境界，又表达了对人生和家庭的感慨和思考。

庄子还提出了"齐物论"，认为万物皆有其内在规律和价值，应该平等对待。这一思想在一定程度上也可以被看作对家国情怀的一种拓展，即把对家庭的责任感扩展到对整个社会的责任感。

四、韩非子

韩非子（约公元前281—约公元前233年）是法家思想的集大成者，他既是战国末期韩国公子，也是中国古代著名的哲学家、思想家、政论家和散文家。韩非子师从荀子，后世称"韩子"，是中国古代著名法家思想的代表人物。

韩非子关于家国情怀的事迹主要表现在他对国家和人民的深切关怀，以及他对法治思想的实践和推广。韩非子认为，家国情怀是一种对国家和人民的责任感和使命感，是一种对国家和人民的忠诚和热爱。他主张人们应该把国家和人民的利益放在首位，为国家的发展和人民的幸福而努力奋斗。

在实践上，韩非子提出并推广了"法治"的思想，认为只有通过法律制度的规范和保障，才能实现国家和社会的长治久安。他主张制定严格的法律制度，确保国家的稳定和人民的安居乐业。同时，他也强调了君主的权威和领导力，认为君主应该以法治国，以德服人，通过法律手段来维护国家和人民的利益。

此外，韩非子还提出了一系列具体的改革措施，旨在加强国家的实力和人民的福祉。例如，他主张实行土地制度改革，促进农业生产和经济发展。同时，他也强调了教育的重要性，认为教育可以提高人民的素质和文化水平，为国家的发展提供人才支持。

五、墨子

墨子（约公元前470—约公元前391年）是墨家学派的创始人，他主张兼爱非攻、尚同尚贤。他认为人类应该无差别地爱一切人，反对战争和侵略行为。墨子的思想具有强烈的平民色彩和平等观念，对后世的政治和伦理思想产生了深远的影响。

墨子是战国时期的伟大思想家和政治家，他深深爱着自己的国家和人民。当强大的楚国准备攻打宋国的时候，墨子挺身而出。一方面，他安排大弟子禽滑厘带领三百名精壮弟子，帮助宋国军民守城；另一方面，他亲自出马劝阻楚王。墨子急急忙忙，日夜兼程，鞋破脚烂，毫不在意，十天后到达楚国的都城郢（今湖北荆州附近）。到郢都后，墨子先找到帮助楚国攻打宋国的鲁班，与鲁班对阵。墨子用腰带模拟城墙，以木片表示各种器械，同鲁班演习各种攻守战阵。鲁班组织了九次进攻，结果九次被墨子击破。鲁班攻城器械用尽，墨子守城器械还有剩余。接着，墨子又义正词严地劝说楚王，使楚国被迫放弃攻打宋国的计划。这个行动既体现了"义"的要求，也是"善"的表现。墨子尽管也是学者名人，但他却很平民化，在往楚国的途中，不坐车，而是靠双脚走路，并且这条路很是漫长，他孤身一人，走了十天十夜，走得脚上起了泡，撕下一块衣服布条包扎后继续前行。

▌学习延伸▌

综上，西周和春秋时期是中国历史上的一个重要阶段，也是诸子百家思想开始兴起的时期。在这个时期，诸子百家的家国情怀主要表现在以下几个方面：

首先，强调"家国一体"的理念。这一理念认为，家庭和国家是密不可分的整体，家庭是国家的缩影，国家是家庭的延伸。因此，人们应该把家庭和国家的利益看作一致，以家庭和国家的利益为重，为家庭和国家的繁荣和发展而努力。

其次，注重"礼乐文化"的传承。礼乐文化是西周和春秋时期的一个重要特征，也是诸子百家思想的一个重要方面。礼乐文化强调的是等级秩序和和谐社会的重要性，认为人们应该遵循礼的规范和乐的和谐，以此来维护社会的稳定和发展。

再次，强调"忠孝仁义"的品德。诸子百家认为，忠诚、孝顺、仁爱和义气是人们应该具备的基本品德。这些品德不仅是对家庭的道德要求，也是对国家的道德要求。人们应该以这些品德为指导，为国家的发展和繁荣贡献自己的力量。

最后，主张"以人为本"的思想。这一思想认为，人是社会的主体和中心，社会的繁荣和发展应该以人的利益为出发点和落脚点。因此，人们应该关注民生、尊重人权、保障人民的福祉，为国家的发展和繁荣创造更加美好的未来。

这些思想观念不仅在当时具有重要意义，也对后世产生了深远的影响。

第二节　工匠之祖——鲁班

‖ 生平简介 ‖

鲁班，姬姓，公输氏，名般，又称公输子、公输盘、班输、鲁般，春秋时期鲁国人，被后世尊称为"工匠之祖"。"般"和"班"同音，古时通用，故人们常称他为鲁班。鲁班大约生于周敬王十三年（公元前 507 年），卒于周贞

定王二十五年（公元前444年），生活在春秋末期到战国初期，出身于世代工匠的家庭，从小就跟随家里人参加过许多土木建筑工程劳动，逐渐掌握了生产劳动的技能，积累了丰富的实践经验。他不仅是一位杰出的发明家、建筑家，更是一位心怀家国的智者。他的一生，充满了对国家和人民的深沉情感，通过他的智慧与努力，为后世留下了宝贵的物质与精神财富。

▌人物概况▌

1. 发明云梯助国战：鲁班最为人所知的发明之一是云梯。在战国时期，鲁班为了帮助自己的祖国鲁国在战争中取得优势，发明了这种可以灵活升降的攻城器械。尽管这一发明在当时的战争中发挥了重要作用，但鲁班并未因此沾沾自喜，反而因看到战争给人民带来的苦难而深感痛心。

2. 设计水利利民生：鲁班不仅关注战争，更关心人民的日常生活。他设计了多种水利器械，如石磨、水车等，极大地改善了农业生产的效率，为百姓带来了实实在在的利益。

3. 传承技艺无私心：鲁班非常注重技艺的传承，他毫无保留地将自己的知识和经验传授给后人。这种无私的精神，不仅使得鲁班的技艺得以流传千古，也为后世工匠们树立了榜样。

▌学习延伸▌

鲁班的故事不仅仅是一段历史，更是一种精神的传承。他的家国情怀和无私奉献精神，对于今天的中职学生来说具有重要的现实意义。我们应该从鲁班身上汲取智慧和力量，不断提升自己的综合素质，为实现中华民族伟大复兴贡献自己的力量。

1. 培养创新精神：鲁班的一生充满了对未知的探索和对技术的创新。中职学生应该学习他的创新精神，勇于尝试、敢于实践，不断提升自己的技能水平。

2. 服务社会意识：鲁班心系家国，他的发明与创造都是为了改善人民的生活和促进社会的发展。中职学生应该树立服务社会的意识，将个人的技能与知识用于解决实际问题，为社会做出贡献。

3.传承工匠精神：鲁班对技艺的执着追求和无私传承，展现了工匠精神的精髓。在今天，面对科技的快速发展和社会的深刻变革，中职学生更应该传承和发扬这种精益求精、追求卓越的工匠精神。

第三节　伟大的爱国诗人——屈原

微课

‖ 生平简介 ‖

屈原（约公元前340—公元前278年），芈姓（一作嬭姓），屈氏，名平，字原，又自云名正则，字灵均，出生于楚国丹阳秭归（今湖北省宜昌市），战国时期楚国诗人、政治家，楚武王熊通之子屈瑕的后代（一说屈氏的来源是西周前期的楚国人屈紃）。

屈原是中国历史上第一位伟大的爱国诗人，中国浪漫主义文学的奠基人，被誉为"中华诗祖""辞赋之祖"。他是"楚辞"的创立者和代表作者，开辟了"香草美人"的传统。屈原的出现，标志着中国诗歌进入了一个由集体歌唱到个人独创的新时代，被后人称为"诗魂"。楚国有名的辞赋家宋玉、唐勒、景差都受到屈原的影响。屈原作品的出现，标志着中国诗歌进入了一个由大雅歌唱到浪漫独创的新时代，其主要作品有《离骚》《九歌》《九章》《天问》等。以屈原作品为主体的《楚辞》是中国浪漫主义文学的源头之一，对后世诗歌产生了深远影响，成为中国文学史上的璀璨明珠，"逸响伟辞，卓绝一世"。"路漫漫其修远兮，吾将上下而求索"，屈原的"求索"精神，成为后世仁人志士所信奉和追求的一种高尚精神。屈原也是楚国重要的政治家，早年受楚怀王信任，任左徒、三闾大夫，兼管内政外交大事。吴起之后，在楚国另一个主张变法的就是屈原。他提倡"美政"，主张对内举贤任能、修明法度，对外力主联齐抗秦。因遭贵族排挤毁谤，被先后流放至汉北和沅湘流域。

▌ 人物概况 ▌

屈原少年时受过良好的教育，博闻强识，志向远大。年轻时的屈原担任过楚怀王的左徒，伴随左右，深得器重。屈原志存高远，心系国家，襄理朝政，竭力勤勉。他主张对内变法图强、对外联齐抗秦，一度使楚国富足强盛，实力雄厚，威震诸侯，对内对外都是一把好手，展示了高超非凡的治国理政才干。春秋战国时代，但凡有名望的思想家均冠以"某子"的名号，如孔子、孟子、荀子、老子、韩非子、孙子等，而时人也皆颂屈原为屈子，可见其在那个时代的地位。进入战国时代，诸侯之间的战争已经不再只是掠夺几座城市和粮食，诸侯之间的征战就是统一战争，是诸多帝国梦的灰飞烟灭与推倒重来。屈原的政治见识使他看到了战争的性质，知道战争的输赢决定着国家的存亡，他渴望着楚国能完成列国的统一。但秦相张仪的诡计、朝堂之上守旧势力的阻挠和小人的造谣中伤使昏庸的楚怀王不辨是非，疏远了屈原，他被逼迫离开楚国都城，流放到汉水以北。屈原的耿耿忠心反而遭到怀疑，激起他极大的愤慨，于是写下长诗一首倾吐他的离忧哀怨，这就是被公认为中国古代文学史上篇幅最长、最具有浪漫主义色彩的政治抒情诗《离骚》。

后来，因为主张联齐抗秦的屈原被流放，楚国的亲秦派得势，秦国又以献土地六百里为诱饵，迫使楚国与齐国绝交，至此楚国实力下降，不断受到秦国的掠夺蚕食。楚怀王遭遇挫折后才想起再度起用屈原，屈原怀着报效祖国的强烈意愿回到都城，但再次遭人诬陷，又被流放江南。诗人徘徊湘江侧畔，写了一首气势如虹的诗作《天问》。《天问》以奇特的诘问形式、异常神奇丰富的想象力，一连向上天提出170多个问题，涉及天文、地理、文学、哲学等诸多领域，借天问道，借古喻今，叩问现实，穷究自然，充满科学求索精神。后来楚怀王被秦国诱捕，客死他乡。被流放的屈原为故主的罹难而悲愤，更为不思进取、无所作为的新主而悲哀，为新主听任满朝奸佞庸臣祸国殃民而愤怒。楚顷襄王更是心胸狭窄之人，他一怒之下将屈原驱赶到更偏远、更艰苦的地方。面色憔悴、形容枯槁的屈原披发行吟，顽强地写下一篇篇政治性的辞赋诗作，执着地诉说他的爱国忧民之情、救国济世之策，坚定地表达他的楚国复兴之梦。无奈楚国气数已尽，行将就木。公元前279年，秦将白起攻打楚国，引水灌城，淹死楚国军民几十万人，还攻占了屈原的出生地、楚国的国都郢都。当屈原得知国都沦陷后，愤然写下《哀郢》《怀沙》等诗篇。第二年的五月初五，一代爱国诗人屈原在汨罗江边徘徊，政治上的失意，国破家亡的巨大心痛，促使他最终决定投江殉志，留下千古悲歌。

▌▌学习延伸▌▌

同学们，我们从屈原身上能体悟到什么？是他身上那股强烈的忧国忧民的情怀！尽管两代楚王并不信任屈原，而那个时代出走他国，侍奉明主的事例比比皆是，商鞅、李斯，这些推动大秦一统天下的智者，哪个是秦国人？可是屈原宁死也不愿意离开楚国一步，没有放弃对国家的责任和对使命的担当。他的忧虑远比一般人要深沉、痛切得多，他知道战国时代的战场之争远非一个个城池的得失，而是一场场国与国之间的兼并战争。国之将亡，他已无暇计较个人恩怨了，为了维护国家利益，他不惜牺牲个人前途直至自己的生命。一切幻灭之后，他的最后一跃，也是以身许国。屈原的忠君情结和爱民情怀并存，对民生有更多的体恤，在忠君与爱民的矛盾中备受煎熬。他以民为本，为民请命，对百姓充满深深的同情和哀怜。屈原身为宗室重臣，却站在劳苦大众一边，反对世卿世禄，限制贵族特权。两千多年来，屈原这种忧国忧民的情怀一直深深地影响着中国传统知识分子，也感染着一代又一代的中华儿女。如今，我们也会在每年阴历五月初五的端午节时，包粽子、吃粽子、举行龙舟盛会，纪念这位伟大的爱国诗人。他不仅仅是楚地之人，更是华夏儿女的楷模。1953 年，在屈原逝世 2230 周年之际，世界和平理事会通过决议，确定屈原为当年纪念的世界四大文化名人之一。

第四节　汉代杰出的外交家——张骞

‖ 生平简介 ‖

张骞（约公元前 164—公元前 114 年），字子文，汉中郡城固县（今陕西省城固县）人，汉代杰出的外交家、旅行家、探险家，丝绸之路的开拓者。在华夏大地的历史长河中，无数英雄人物为国家的繁荣和民族的尊严奋斗终生。其中，张骞的故事尤为引人注目。他以坚定的信念、无畏的勇气和深厚的家国情怀，践行着对国家和人民的忠诚。

西汉建元二年（公元前 139 年），张骞奉汉武帝之命，由长安出发，甘父作为向导，率领一百多人出使西域，打通了汉朝通往西域的南北道路，即赫赫

有名的"丝绸之路"，汉武帝以军功封其为博望侯。张骞先后两次出使西域，打开了中国与中亚、西亚、南亚以至通往欧洲的陆路交通，从此中国人通过这条通道向西域和中亚等国出售丝绸、茶叶、漆器和其他产品，同时从欧洲、西亚和中亚引进宝石、玻璃器等产品。汉武帝元鼎三年（公元前 114 年），张骞病逝于长安，归葬汉中故里。

▋▋ 人物概况 ▋▋

　　张骞，生于汉朝时期，自幼受到家庭的教育和熏陶，深知国家兴亡与个人命运息息相关。他从小就立志要为国家做出贡献，以实现家国情怀。为了实现这一目标，张骞不畏艰险，毅然投身于国家的事业。公元前 139 年，汉武帝派遣张骞出使西域，目的是联合大月氏夹击匈奴。张骞率领使团穿越茫茫大漠，克服重重困难，最终成功抵达大月氏。然而，大月氏已经安居乐业，不愿再与匈奴为敌。尽管任务未能完成，但张骞的勇气和毅力令人钦佩。他不仅开拓了中西交通道路，还使得汉朝与西域诸国的联系逐渐加强。张骞的西域之行虽然充满艰辛，但他始终坚守家国情怀，心系国家和民族的命运。在归途中，张骞还派出了副使出使南亚、东南亚等地区，进一步扩大了汉朝的影响力。这些外交活动不仅增强了华夏民族的凝聚力，还促进了东西方文化的交流与融合。除外交活动外，张骞还积极参与国内事务，为国家的繁荣稳定做出了贡献。他主张发展农业生产、兴修水利、减轻赋税等措施，以提高人民的生活水平。同时，张骞还重视商业贸易，推动汉朝与周边国家的经济往来。这些举措不仅增强了国家的经济实力，还提升了汉朝在国际上的地位。在张骞的带领下，我国在汉朝逐渐成为一个繁荣昌盛的国家。人民安居乐业，国家实力不断增强。这一切都离不开张骞的家国情怀和不懈努力。他以实际行动践行着对国家和民族的忠诚，成了华夏儿女心中的楷模。

▌▌学习延伸▌▌

在当今时代，我们仍然需要像张骞一样具有家国情怀的人。他们以国家和民族的利益为重，不畏艰险、勇往直前。正是有了这样的英雄人物，我们的国家才能够不断强大、人民才能够安居乐业。因此，我们要学习和传承张骞的家国情怀精神，为国家的繁荣稳定贡献自己的力量。

张骞践行家国情怀的事迹令人敬仰。他以坚定的信念、无畏的勇气和深厚的情感为国家做出了卓越的贡献。作为华夏儿女，我们应当铭记张骞的伟大事迹，传承和发扬他的家国情怀精神。只有这样，我们才能更好地为实现中华民族伟大复兴的中国梦而努力奋斗。

第五节　明妃出使和亲——王昭君

微课

‖ 生平简介 ‖

　　王昭君（约公元前54—公元前19年），名嫱，字昭君（一说昭君非表字），乳名皓月，西汉南郡秭归（今湖北省宜昌市兴山县）人，与貂蝉、西施、杨玉环并称中国古代四大美女，是中国古代四大美女之一的"落雁"。《画工弃市》记载了她的生平典故，晋朝时为避司马昭讳，又称明妃、王明君。

‖ 人物概况 ‖

　　在中华历史长河中，王昭君是一位独特而耀眼的女性。她不仅拥有美丽的容颜，更有一颗坚定的心，以实际行动践行家国情怀，为国家和民族的和平做出了巨大贡献。

王昭君出生于西汉南郡秭归县的一户平民之家。她自幼聪明伶俐，琴棋书画无所不精，备受家人宠爱。然而，在那个动荡的时代，平民之家的安稳只是暂时的。后来，王昭君被选入皇宫。汉元帝因后宫女子众多，就叫画工画了像来，看图召见宠幸。宫人都贿赂画工，独王昭君不肯，所以王昭君的像被画得最差，不得见汉元帝。属国南匈奴首领入朝朝贡并自请为婿，汉元帝就按图像选了王昭君。临行前，王昭君慷慨陈词："为了汉朝的安定，我愿意前往匈奴和亲。"

当她站在长安城外的送别路上，回望这座繁华的城市，心中涌动着复杂的情感。她深知，此行不仅是她个人的命运转折，更是承载着家国情怀的重大使命。在匈奴的土地上，她面对着陌生的环境和文化，始终坚守着自己的信仰和责任。她努力融入当地生活，学习匈奴语言和习俗，为的是更好地传递汉朝的文化和价值观。同时，她也不忘向匈奴人传授中原的农业、手工业等技术，促进了双方的交流与合作。更为重要的是，她以家国情怀为纽带，积极调解汉朝与匈奴之间的关系，消除了两国的矛盾和误解。她深知，战争带给人民的只有痛苦和牺牲，和平才是国家和民族繁荣的基石。在她的努力下，汉朝与匈奴保持了长期的和平与友好，为两国的经济发展和文化交流奠定了基础。

在践行家国情怀的过程中，她也收获了无数的感动和敬意。当地人民对她这位来自中原的女子充满了好奇和敬仰，他们惊叹于她的勇气和智慧，视她为民族团结的象征。在匈奴的首都长安，她建立了一所女子学校，鼓励当地女子接受教育，提升她们的文化素质和社会地位。这所学校成为她践行家国情怀的重要阵地，培养了一批又一批有理想、有才华的女性。

随着时间的推移，她的家国情怀也影响了越来越多的人。汉朝与匈奴的官员和人民纷纷效仿她，为两国的友好关系贡献自己的力量。他们深知，只有当双方携手共进、共同发展，才能实现真正的和平与繁荣。

‖ 学习延伸 ‖

在历史的长河中，王昭君践行家国情怀的故事被传颂千古。她以柔弱之躯承担起家国重任，用智慧和勇气化解了民族矛盾，为汉朝与匈奴的和平共处奠定了基础。她的故事激励着一代又一代的中华儿女，为了家国情怀而奋斗不息。

如今，当我们回顾王昭君践行家国情怀的事迹时，不禁感慨万千。她用自己的实际行动诠释了家国情怀的真谛，为我们树立了一个光辉的榜样。在今天这个和平繁荣的时代，我们应该铭记王昭君的伟大事迹，继承和发扬她所秉持的家国情怀。

第六节 明代医药学家——李时珍

▌▌生平简介▌▌

李时珍，明代伟大的医药学家，字东璧，晚年自号濒湖山人，湖北蕲春县蕲州镇东长街之瓦屑坝（今博士街）人。李时珍生于明武宗正德十三年（公元1518年），卒于神宗万历二十一年（公元1593年）。他出生于一个医学世家，父亲李月池是当地的名医。受家庭熏陶，李时珍自幼便对医药学产生了浓厚的兴趣。他立志成为一名优秀的医生，为天下百姓解除病痛。

李时珍修订的《本草纲目》成为当时最系统、最完整、最科学的一部医药学著作，不仅为中国药物学的发展做出了重大贡献，还对世界医药学、植物学、动物学、矿物学、化学的发展产生了深远的影响，被誉为"东方医药巨典"，英国著名生物学家达尔文称它为"中国古代百科全书"。李时珍还著有《奇经八脉考》《濒湖脉学》《五脏图论》等医书，被后世尊为"药圣"。

▎人物概况▎

1. 修订《本草纲目》：李时珍在医学领域取得了卓越的成就，其中最著名的便是修订《本草纲目》。他历时二十七年，三易其稿，最终完成了这部具有世界性影响的医药学巨著。在修订过程中，他广泛收集资料，亲自上山采药，深入研究各种药物的药性、功效和用法。他坚信，只有为百姓提供准确、有效的医药知识，才能真正实现自己的家国情怀。

2. 敢于挑战权威：在李时珍的时代，医学界存在着许多错误的观念和偏见。他敢于挑战权威，勇于提出自己的观点和见解。他敢于质疑古人的论述，不畏强权，始终坚持科学、客观的态度。这种精神体现了李时珍深厚的家国情怀，他深知医药学的发展对于国家和民族的进步具有重要意义。

▎学习延伸▎

李时珍作为一位伟大的医药学家和具有深厚家国情怀的典范人物，为我们提供了宝贵的启示。作为今天的中职学生，我们应该向李时珍学习，树立远大理想、勇于挑战自我、培养家国情怀，为实现个人价值、推动社会进步和国家繁荣贡献自己的力量。

1. 树立远大理想：李时珍一生致力于医药学事业，为天下百姓谋福祉。中职学生应该向李时珍学习，树立远大理想，为国家和民族的进步贡献自己的力量。同时，要将个人理想与国家需要紧密结合起来，将个人价值与社会价值相统一。

2. 勇于挑战自我：李时珍在修订《本草纲目》的过程中，不畏艰难，敢于挑战自我。这种精神对于今天的中职学生同样具有重要意义。在学习过程中，中职学生应该勇于挑战自己的极限，不断提升自己的综合素质和专业技能。同时，要敢于质疑、勇于创新，不断突破自我，实现个人价值。

3.培养家国情怀：李时珍的家国情怀为我们树立了典范。在当今社会，家国情怀依然是每个公民应具备的品质。中职学生应该时刻关注国家和民族的发展，积极参加社会实践和志愿服务活动，为国家和民族的进步贡献自己的力量。同时，要将个人的梦想与国家的需要相结合，将个人的发展与国家的繁荣紧密联系在一起。

第七节　唐代著名现实主义诗人——杜甫

微课

‖ 生平简介 ‖

杜甫（712—770 年），字子美，自号少陵野老，唐代伟大的现实主义诗人，祖籍襄阳（今属湖北），自其曾祖时迁居巩县（今河南巩义西南）。杜甫与李白合称"李杜"。为了与另两位诗人李商隐与杜牧即"小李杜"区分，杜甫与

李白又合称"大李杜",杜甫也常被称为"老杜"。后世称杜甫为杜拾遗、杜工部,也称他为杜少陵、杜草堂。

杜甫少年时代曾先后游历吴越和齐赵,其间曾赴洛阳应举不第。三十五岁以后,杜甫先在长安应试,落第,后来向皇帝献赋,向贵人投赠。杜甫官场不得志,目睹了唐朝上层社会的奢靡与社会危机。天宝十四载(755年),安史之乱爆发,潼关失守,杜甫先后辗转多地。乾元二年(759年)杜甫弃官入川,虽然躲避了战乱,生活相对安定,但仍然心系苍生,胸怀国事。

杜甫创作了《登高》《春望》《北征》以及"三吏""三别"等名作。虽然杜甫是一位现实主义诗人,但他也有狂放不羁的一面,从其名作《饮中八仙歌》不难看出杜甫的豪气干云。大历五年(770年)冬,杜甫病逝,享年五十九岁。

杜甫在中国古典诗歌中的影响非常深远,被后世尊称为"诗圣",他的诗被称为"诗史"。杜甫的思想核心是仁政思想,他有"致君尧舜上,再使风俗淳"的宏伟抱负。杜甫虽然在世时名声并不显赫,但后来声名远播,对中国文学和日本文学都产生了深远的影响。杜甫共有约1500首诗歌被保留了下来,大多集于《杜工部集》。

人物概况

杜甫是中国历史上最伟大的诗人之一,他不仅以诗歌才华为后世所敬仰,更以深沉的家国情怀和崇高的道德品质为后人所景仰。在杜甫的生涯中,他始终坚持着对家国的热爱和担当,通过自己的实际行动践行着家国情怀。

杜甫的童年时代正值唐朝的繁荣时期,他的家庭环境优越,自幼便接受了良好的教育。然而,随着时间的推移,唐朝逐渐走向衰落,社会动荡不安,民不聊生。杜甫亲身经历了这一切,他深感家国之痛,开始以诗歌为武器,批判社会的不公和黑暗。在杜甫的诗歌中,他多次表达了对家国的忧虑和关切。他关注民生疾苦,批判贪官污吏,呼吁社会公正。他的诗歌具有强烈的现实意义和深刻的思想内涵,反映了那个时代普通百姓的心声。

除诗歌外，杜甫还积极参与社会活动，为民生奔走呼号。他多次上书朝廷，为民请命，提出了许多改善民生的建议。他还亲自前往灾区，慰问受灾百姓，为他们提供力所能及的帮助。在安史之乱期间，杜甫更是挺身而出，投身战场。他不畏艰险，冒着生命危险为国家和人民奋斗。虽然最终未能挽救唐朝的覆灭，但他的家国情怀和担当精神却感动了无数人。杜甫在颠沛流离中，始终没有忘记自己的家国情怀。他尽管生活困苦，却总是心系国家，关注民生。他在《茅屋为秋风所破歌》中写道："安得广厦千万间，大庇天下寒士俱欢颜，风雨不动安如山。"这首诗体现了杜甫对国家和人民的深切关怀，他希望为那些生活困苦的人们提供庇护，让他们有安稳的生活环境。杜甫的这种家国情怀并不仅仅停留在文字上，他更是用自己的行动去践行。在安史之乱期间，他亲身经历了战争的残酷，但他并没有选择逃避，而是选择投身战场，为国家尽一份力量。他曾经写下《春望》一诗："国破山河在，城春草木深。感时花溅泪，恨别鸟惊心。"这首诗充分表达了他对国家遭受战争之苦的深深忧虑。

杜甫的家国情怀也体现在他对文化的传承和弘扬上。他深知文化对于一个国家的重要性，因此他一生致力于文化的传承和推广。他在诗歌中表达了对传统文化的尊重和赞美，同时也对后辈进行了教育和指导。他的诗歌成为后世的宝贵财富，对中国的诗歌文化产生了深远的影响。杜甫的家国情怀，不仅仅体现在他的诗歌和行动上，更体现在他的人格魅力和道德品质上。他一生清廉自守，正直不阿，对待他人始终以仁爱和真诚为本。他的这种品质，使他赢得了人们的敬爱和尊重。

学习延伸

尽管杜甫的生活充满了困苦和挫折，但他始终保持着乐观和坚韧的态度。他坚信，只要人们心怀家国，勇于担当，就一定能够克服一切困难，实现国家和民族的繁荣昌盛。在今天，我们仍然可以从杜甫的家国情怀中汲取力量。无论是对个人还是对国家，我们都应该心怀家国，勇于担当。在我们的工作和生活中，我们应该关注国家和民族的命运，积极投身社会建设，为国家和人民的繁荣发展贡献自己的力量。同时，我们也应该学习杜甫的品质和精神，保持正直和仁爱之心，对待他人以真诚和善良为本。只有这样，我们才能赢得他人的尊重和信任，建立起和谐友爱的人际关系。

在今天这个时代，我们需要更多的人像杜甫一样，践行家国情怀，担当社会责任。

第八节　北宋时期政治家——范仲淹

▎生平简介▎

范仲淹（989年10月1日—1052年6月19日），字希文，祖籍邠州，后移居苏州吴县（今属江苏苏州），北宋初年政治家、文学家。范仲淹幼年丧父，母亲改嫁长山朱氏，遂更名朱说。大中祥符八年（1015年），范仲淹苦读及第，

授广德军司理参军。后历任兴化县令、秘阁校理、陈州通判、苏州知州等职，因秉公直言而屡遭贬斥。皇祐四年（1052 年），范仲淹改知颍州，在扶疾上任的途中逝世，年六十四，后累赠太师、中书令兼尚书令，追封楚国公，谥号"文正"，世称范文正公。

‖ 人物概况 ‖

范仲淹从小便有远大的抱负，常常勉励自己要"在天下人忧之前先忧，在天下人乐之后才乐"，即使家境贫寒，他也将苦难视为对自己的考验，心无旁骛地读书学习，为后来从政和做学问打下了坚实的基础。范仲淹在二十多岁离开家，来到应天府书院苦读学习。五年之后考取了进士。做官之后，范仲淹一直在低职位上徘徊，没有权力参与国家大事，自己的才华始终无法得到展示。在三十四岁时，他向上级毛遂自荐，以图大展宏图。盐水治水的成功证明了范仲淹的才华，这一举动深得百姓的好评。范仲淹在位期间，他大胆直言，抨击时弊，几度遭到了贬职。他曾出任秘阁校理，几次批评章献太后垂帘听政的弊端，因此被贬为通判。章献太后去世后，范仲淹任左司谏，因批评仁宗荒地、废除皇后被贬到睦州。范仲淹在任国子监时因批评宰相吕夷简用人不当，再次被贬。任职期间范仲淹还通过自己的才干修复了同西夏的关系，使得边关万无一失。由于在边关抵御外来侵略立下的汗马功劳，范仲淹被提升为参知政事，这个升迁为他实现自己的改革理想创造了条件。范仲淹对苏州有特殊的感情，传说他任苏州知州时选中一块地，于是请风水先生来看。风水先生说这块地太好了，住在此地必定子孙满堂、飞黄腾达。范仲淹转念一想，如果把这里变成学堂，将来成才的就是许许多多的子弟。因为小时候的求学经历，他希望更多贫寒家庭的孩子也能进学堂读书。他很快把这块地捐出来，建了苏州州学。

范仲淹的家国情怀体现在他对国家和人民的深深热爱和关注上。他时刻以国家和人民的利益为重，不畏强权，直言敢谏，用自己的才智和勇气捍卫了国家和人民的利益。同时，他也深知教育的重要性，积极推动教育事业的发展，为国家和人民的福祉做出了重要贡献。

‖ 学习延伸 ‖

范仲淹忧国忧民的责任感：他以国家和人民的利益为重，不畏强权，敢于直言进谏。这种为国为民的责任感是每个公民都应该具备的。在当今社会，我们也需要关注国家大事，关心民生疾苦，为推动社会进步尽一份力量。

范仲淹重视教育的理念：他深知教育的重要性，他不仅大力推动教育事业的发展，还亲自编写教材、主持学政，培养了大批优秀的人才。

范仲淹治家有方的家风：他治家严谨，教子有方，以身作则。他主张家庭和睦，提倡孝顺、友爱、勤劳等家庭美德。这种家风对当今的家庭教育也有很大的启示意义。我们需要注重家庭教育的质量，培养孩子良好的品德和行为习惯，传承中华民族优秀的家庭美德。

范仲淹兼济天下的胸怀：他关注民生疾苦，积极推行各项利民政策，努力减轻百姓的负担。同时，他也倡导社会公益事业，修建了许多公共设施，造福一方百姓。这种兼济天下的胸怀和担当精神是每个公民都应该具备的。我们需要关注弱势群体，积极参与社会公益事业，为社会和谐稳定做出自己的贡献。

范仲淹体现的家国情怀的现实意义非常深远。在当今社会，我们需要传承和发扬这种家国情怀，以国家和人民的利益为重，关注国家大事和民生疾苦，重视教育事业的发展和家庭教育的质量，培养具有责任感、担当精神和创新精神的人才。同时，我们也需要关注社会公益事业，积极参与社会建设和发展，为构建和谐社会贡献自己的力量。

第九节　南宋民族英雄——岳飞

▍生平简介▍

　　岳飞（1103 年 3 月 24 日—1142 年 1 月 27 日），字鹏举，相州汤阴（今河南省汤阴县）人。南宋时期抗金名将、军事家、战略家、民族英雄、书法家、诗人，位列南宋"中兴四将"之首。在中国的历史长河中，岳飞的名字与家国情怀紧密相连。他的一生，是对忠诚、勇敢和担当的最好诠释。作为南宋时期的抗金名将，岳飞用他的英勇和智慧，践行了家国情怀，为国家和民族的尊严而战。

　　岳飞从二十岁起，曾先后四次从军。自建炎二年（1128 年）遇宗泽至绍兴十一年（1141年）止，先后参与、指挥大小战斗数百次。金军攻打江南时，他独树一帜，力主抗金，收复建康。绍兴四年（1134年），收复襄阳六郡。绍兴六年（1136年），率师北伐，顺利攻取商州、虢州等地。绍兴十年（1140年），完颜宗弼毁盟攻宋，岳飞挥师北伐，两河人民奔走相告，各地义军纷纷响应，夹击金军。岳家军先后收复郑州、洛阳等地，在郾城、颍昌大败金军，进军朱仙镇。宋高宗赵构和宰相秦桧却一意求和，以十二道"金字牌"催令班师。在宋金议和过程中，岳飞遭受秦桧、张俊等人诬陷入狱。1142年1月，以莫须有的罪名，与长子岳云、部将张宪一同遇害。

宋孝宗时，平反昭雪，改葬于西湖畔栖霞岭，追谥武穆，后又追谥忠武，封鄂王。岳飞是南宋杰出的统帅，他重视人民抗金力量，缔造了"连结河朔"之谋，主张黄河以北的民间抗金义军和宋军互相配合，以收复失地；治军赏罚分明，纪律严整，又能体恤部属，以身作则，率领的"岳家军"号称"冻死不拆屋，饿死不掳掠"。金军有"撼山易，撼岳家军难"的评语，以示对岳家军的由衷敬佩。

岳飞的文才同样卓越，其代表词作《满江红·怒发冲冠》是千古传诵的爱国名篇，后人辑有文集传世。

▌▌人物概况▌▌

岳飞的童年并非无忧无虑。在他年少时，金朝大举侵略中原，他的家乡饱受战火蹂躏。岳飞目睹了金兵的残忍行径，心中种下了对国家忠诚和民族独立的坚定信念。他自幼习武，勤奋学习兵法，期待有朝一日能为国家驱逐外敌，重振河山。

在国家危难之际，岳飞毅然投身军旅。他以卓越的军事才能和独特的战术思维，在抗金战场上屡建奇功。无论是郾城之战还是朱仙镇大捷，岳飞都展现出超群的指挥才能和英勇无畏的精神。他带领的"岳家军"以严明的纪律和铁血的斗志，令金兵闻风丧胆。然而，在朝中，以秦桧为首的主和派势力不断打压抗金力量,对岳飞等主战将领进行排挤和诬陷。面对权力的诱惑和生命的威胁,岳飞始终坚守家国情怀,不为所动。他曾言:"靖康耻,犹未雪。臣子恨,何时灭!"表达了他对收复失地、一雪前耻的坚定决心。

在风波亭,岳飞遭秦桧等人陷害,被以莫须有的罪名处死。临刑前,他面不改色,心无怨言,只留下"天日昭昭,天日昭昭"的悲壮呼声。岳飞的英勇就义,令山河为之变色,草木为之含悲。他的死,是对家国情怀的最高诠释,也是对忠诚与信仰的永恒坚守。

岳飞虽然离世已久,但他的精神遗产却永远激励着后世子孙。他的家国情怀和民族气节成为中华民族的宝贵财富。在民间,有关岳飞的传说、故事广为流传。人们通过戏曲、小说等形式,传颂着他的英勇事迹,使他的形象更加深入人心。在国家层面,岳飞被尊为民族英雄,他的形象被赋予了神圣的意义。在历史进程中,岳飞的形象被用来凝聚民族精神,激发民众对国家和民族的热爱。每当国家面临危机之时,岳飞的事迹便成为鼓舞人心的力量源泉。

如今,岳飞的故里——汤阴县已经成为一个重要的文化地标。每年都有大批游客前来参观岳飞庙,缅怀这位伟大的民族英雄。在这里,人们可以感受到岳飞对家国的深沉情感和对民族的坚定信念。

‖ 学习延伸 ‖

岳飞的事迹,让我们更好地理解了家国情怀的内涵,增强了民族自豪感和责任感。岳飞践行家国情怀的主要事迹充分展示了中华民族的优秀品质和崇高精神。他的一生是对忠诚、勇敢和担当的最好诠释。通过了解和学习岳飞的事迹和精神遗产,我们不仅能够更好地理解家国情怀的内涵,还能激发我们对国家和民族的热爱与责任感。

第十节　南宋文学家——辛弃疾

‖ 生平简介 ‖

　　辛弃疾（1140 年 5 月 28 日—1207 年 10 月 3 日），原字坦夫，后改字幼安，中年后号稼轩，山东东路济南府历城县（今山东省济南市历城区）人。南宋官员、将领、文学家，豪放派词人，有"词中之龙"之称；与苏轼合称"苏辛"，与李清照并称"济南二安"。

　　辛弃疾出生时，中原已为金兵所占，21 岁参加抗金义军，不久归南宋，历任湖北、江西、湖南、福建、浙东安抚使等职，一生力主抗金。辛弃疾曾上《美芹十论》与《九议》，条陈战守之策，其词抒写力图恢复国家统一的爱国热情，倾诉壮志难酬的悲愤，对当时执政者的屈辱求和颇多谴责，也有不少吟咏祖国河山的作品。由于辛弃疾的抗金主张与当政的主和派政见不合，后被弹劾落职，退隐江西带湖。辛弃疾一生以恢复中原为志，以功业自诩，却命运多舛，壮志难酬。但他始终没有动摇恢复中原的信念，而是把满腔激情和对国家兴亡、民族命运的关切、忧虑，全部寄寓于词作之中。辛弃疾的作品有《稼轩长短句》等传世。今人辑有《辛稼轩诗文钞存》。

‖ 人物概况 ‖

在华夏文明的浩瀚长河中，辛弃疾的名字犹如一颗璀璨的星辰，熠熠生辉。他不仅是南宋时期的一位杰出文学家，更是一位矢志报国、心系家国的英雄。他的一生，是践行家国情怀的生动写照；他的诗篇，是铁血丹心的壮丽赞歌。

辛弃疾生于金国统治下的山东，自幼便目睹了金人的残暴和汉人的苦难。他深知，要想摆脱异族的压迫，必须拿起武器，奋起抗争。因此，他毅然投身义军，开始了长达数十年的戎马生涯。辛弃疾的军事才能和英勇善战很快得到了义军领袖耿京的赏识，被任命为掌书记。然而，他并未满足于此，而是时刻铭记自己的初心——驱逐金人，恢复中原。在耿京遇害后，他单枪匹马闯入数万人的敌营，成功擒获杀害耿京的叛徒张安国，并率领五十名亲兵直冲敌阵，安全返回。这一壮举不仅彰显了辛弃疾的英勇无畏，更展现了他对家国情怀的坚定信念。南归之后，辛弃疾并未沉浸在安逸之中，而是时刻关注着国家的命运和民族的未来。他多次上书朝廷，痛陈恢复之计，力主抗金。尽管他的建议屡遭拒绝，但他的信念从未动摇。他深知，要想实现家国情怀，必须要有坚韧不拔的毅力和舍我其谁的担当。

辛弃疾的诗词，是家国情怀的另一种表达。他的诗词中充满了豪情壮志和忧国忧民的情感。无论是"醉里挑灯看剑，梦回吹角连营"的激昂慷慨，还是"了却君王天下事，赢得生前身后名"的壮志凌云，都展现了辛弃疾对家国的深沉眷恋和无尽忧思。他的诗词不仅是他个人情感的抒发，更是他对国家命运的关切和呼唤。

尽管辛弃疾一生未能实现恢复中原的梦想，但他的家国情怀却激励着一代又一代的中华儿女。他的诗词成为后人传颂的经典，他的事迹成为历史的丰碑。在辛弃疾的影响下，许多有志之士投身抗金事业，为国家的统一和民族的复兴而奋斗。

▍学习延伸 ▍

作为后世的我们，更应该铭记辛弃疾的家国情怀，继承和发扬他的精神。在当今社会，虽然没有了金人的威胁和战争的硝烟，但我们仍然面临着许多挑战和困难。我们要以辛弃疾为榜样，时刻关注国家和民族的命运，勇于担当责任，为实现中华民族伟大复兴的中国梦而不懈努力。

总之，辛弃疾的一生是践行家国情怀的光辉典范。他以坚定的信念、英勇无畏的精神和深沉的家国情怀，为国家和民族做出了巨大的贡献。我们应该铭记他的事迹和精神，传承他的家国情怀，为实现中华民族伟大复兴而不懈奋斗。只有这样，我们才能真正地践行家国情怀，成为新时代的英雄。

第十一节 天下清官——喻茂坚

生平简介

喻茂坚（1474—1566 年），字月梧，号心庵，明重庆府荣昌县（今重庆市荣昌区）人，祖籍江西丰城，喻志善孙，明代法学家、清官。喻茂坚于明正德六年（1511 年）中进士，授南京铜陵知县。数年后，喻茂坚调任浙江临海知县，力革溺死女婴之陋习。正德十四年（1519 年），喻茂坚任福建监察御史。嘉靖元年（1522 年），喻茂坚巡抚陕西，平定总兵李隆之乱。喻茂坚历任山西布政使、郧阳巡抚、应天巡抚等职。后喻茂坚秉公查处楚世子英耀杀父一案，于嘉靖二十七年（1548 年），升任刑部尚书。因喻茂坚上疏营救谏官夏言，弹劾奸相严嵩，触怒明世宗。次年冬，辞官还乡。嘉靖三十九年（1560 年），喻茂坚在县内士绅捐资下创办了尔雅书院，教导族人和乡邻的孩子。嘉靖四十五年（1566 年）七月，喻茂坚逝世，享年 93 岁。喻茂坚为官刚正不阿、清廉有为，被赞誉为"天下清官"。喻茂坚还主持了修订明代大法典《问刑条例》，该部法典增加了严惩官吏等内容，促进了当时经济社会的稳定。喻茂坚主持编著《问刑条例》，著有《梧冈文集》等。

人物概况

嘉靖二十八年（1549 年）冬，喻茂坚致仕还乡，回乡以后，一直想"以诗书课后生"，但这个愿望直到十年后才实现。因为他实在太过清贫，根本拿不出建一座书院的银两。据重庆荣昌文化学者吴洪介绍，尔雅书院是在 1559 年由喻氏族人共同出资建成的。当时，喻茂坚已经 85 岁了。琅琅的书声伴着淙淙的河水，流过四百多年的漫长时光。喻氏族人遵循喻茂坚"克忠克孝""惟读惟耕"的垂训，在濑溪河畔开枝散叶，渐渐形成一个繁荣的喻氏家族。尔雅书院开办之后，喻氏后辈族人很多都考取了功名。在喻茂坚九十一岁那年，他的孙子喻应台、曾孙喻思恪同时登科考中举人。当时喻茂坚非常高兴，作了一则对联"曾祖九旬犹在世，儿孙十八互登科"。由这副对联的下半句"儿孙十八互登科"，我们可以看出，在喻茂坚 91 岁高龄的时候，他的子孙辈中已经有 18 个人考取举人以上的功名了。

喻茂坚不仅对子孙的教育倾注了大量的心血，还对家乡的文化教育产生了深远的影响。他一生廉洁奉公，致仕还乡后，尽管家境清贫，仍矢志不渝地践行着家国情怀。在喻茂坚的倡导下，尔雅书院成为培养人才的重要场所。他不仅亲自授课，还邀请当时的文化名人前来授课，为家乡培养了大量的人才。这些人才在后来的科举考试中屡获佳绩，为喻氏家族赢得了荣誉。除了教育，喻茂坚还非常注重家族的道德建设。他以身作则，恪守孝道，尊老爱幼，对待族人亲如一家。在他的影响下，喻氏家族形成了一种敬老爱幼、和睦相处的良好家风。这种家风一直传承至今，成为喻氏家族繁荣昌盛的重要支撑。在政治上，喻茂坚始终坚守正道，不畏权贵，敢于直言进谏。他的清廉正直和爱国情怀赢得了人们的敬仰。

在喻茂坚的晚年，他依然保持着对家乡和国家的深厚情感。他深知，一个人的成就，离不开家族和社会的支持。因此，他始终致力于通过教育来提高家乡人民的文化素质，推动家乡的发展。他常常告诫族人，读书不仅仅是为了求取功名，更是为了提高自己的修养，培养出有道德、有才能的人才。在他的影响下，喻氏家族逐渐形成了注重读书、崇尚文化的风气。这种风气不仅影响了喻氏家族的后人，也影响了周边地区的百姓。

喻茂坚一生都在践行家国情怀，他始终将个人命运与家族、国家紧密相连。他用自己的行动，诠释了一个人的责任与担当。在他去世后，他的事迹和精神被族人传颂，成为喻氏家族的宝贵财富。

‖ 学习延伸 ‖

如今，喻茂坚的故居已经成为一个文化景点，每年吸引着大量的游客前来参观。人们在这里，不仅可以领略到古人的生活风貌，更可以感受到喻茂坚那种对家国情怀的执着追求。在当今社会，家国情怀依然具有重要意义。正如喻茂坚所倡导的那样，我们应该始终保持对家乡和国家的热爱，用自己的力量为社会的发展做出贡献。只有这样，我们才能真正实现个人价值，成为一个有担当的人。

第三章

抵御外辱　维护统一的近代史

第一节　民族英雄——林则徐

微课

‖ 生平简介 ‖

林则徐（1785 年 8 月 30 日—1850 年 11 月 22 日），字元抚，又字少穆、石麟，晚号俟村老人、瓶泉居士等，福建省侯官（今福州市区）人，清代政治家、思想家、诗人。林则徐官至一品，曾任湖广总督、陕甘总督和云贵总督，两次受命钦差大臣，因为主张严禁鸦片及抵抗西方列强的侵略，有"民族英雄"之称誉。

林则徐一生力抗西方入侵，但对西方的文化、科技和贸易则持开放态度，他主张学其优而用之。据文献记载，他至少略通英、葡两种外语。

‖ 人物概况 ‖

1785 年 8 月 30 日林则徐生于福建省侯官一个贫寒下层封建知识分子家庭。林则徐四岁就跟着父亲学习，七岁父亲就教他学写文章，直至十二岁考中秀才，才离开父亲到鳌峰书院就读。

1804 年，林则徐考中举人。1811 年，他赴京参加会试、殿试，朝考成绩皆佳，赐进士出身。由于林则徐为人正直廉洁、办事认真，颇受皇帝青睐，因此仕途畅达，步步高升，先后担任杭嘉湖道、江苏按察使、陕西按察使、湖北布政使、湖南布政使、东河河道总督、江苏巡抚、两江总督兼两淮盐政、湖广总督、两广总督、陕甘总督、云贵总督等重要职务。

林则徐从政为官时期，正值清王朝由盛入衰时期。随着西方资本主义对华侵略的加剧、民族矛盾和阶级矛盾日益尖锐，作为封建统治者中的有识之士，林则徐率先反抗资本主义对华侵略，坚决主张禁烟，大力收缴和销毁鸦片，亲自领导了震惊中外的虎门销烟。

1838 年 12 月底，林则徐被任命为钦差大臣使粤禁烟，次年 3 月到达广州，禁烟运动迅速展开。林则徐与两广总督邓廷桢、广东水师提督关天培等一起，筹划计议，整顿海防，严拿烟贩，惩办不法官员。责令外国鸦片烟贩将夏船上所有鸦片造具清册，听候收缴，并声明："嗣后来船永不敢夹带鸦片，如有带来，一经查出，货尽没官，人即正法。"林则徐坚决表示："若鸦片一日未绝，本大臣一日不回，暂与此事相始终，断无中止之理。"林则徐在给家人的信中也表示："盖以身许国，但求福国利民与民除害，自身生死且尚付度外，毁誉更不计及也。"截至 1839 年 5 月 18 日，共收缴鸦片 19179 箱，2119 袋，除去箱袋，实缴鸦片 2376254 斤。

1839 年 5 月 30 日，林则徐接到就地销毁的谕旨，准备就地销毁。这大批的鸦片如何销毁呢？在湖广总督任内，他曾采取用火焚化的方法，将鸦片拌以桐油，点火燃烧。但在燃烧的过程中，会有部分余膏渗入地中，有些人烟瘾难熬，掘地取土，可得 20%～30%。林则徐认为这种旧办法不够彻底，经过多方面的考察和研究，他了解到鸦片最忌盐卤和石灰，在煎熬鸦片的时候，如投入这两种东西，鸦片就会全部成为渣沫，再也不能收合成烟膏。煮化者虽然可行，但需垒成千上万的锅灶，煮化起来旷日持久，不好管理，林则徐和关天培等反复酌商，决定把煮化改为浸化，即挖掘大池代替锅灶，销毁鸦片。

办法确定以后，林则徐组织人力在虎门镇口村码头旁的海滩高地上掘了两个长宽各 50 米的方形大池，池底铺上石板，池前设一涵洞，预作排泄鸦片残渣之用。池后通一水沟，以便放水入池清洗。池岸四周以栅栏木桩加以围护。池旁附近又建起供监督官员监视检查的棚厂数座。

1839 年 6 月 3 日，钦差大臣林则徐、粤海关监督豫坤、广东布政使熊常錞共同监督首次销毁鸦片。午后 2 时，震天动地的礼炮响了，礼炮声中，揭开了中华民族反帝斗争新的一页，开始了中华民族反帝斗争的壮举。礼炮过后，一群赤脚光背的工人走上横跨在销烟池上的数条木板，先往池中撒下盐巴，继而把劈箱过秤后的鸦片逐一切成四瓣抛入池中。经过一段时间的浸化，再把一担又一担烧透了的石灰倾入池中，销烟工人手持铁锄、木耙反复搅翻。霎时间，池水翻滚，烟雾腾空，被盐卤和石灰分解腐蚀的鸦片散发出的怪味，迅速地飘散开来。围观的人群也欢声雷动，郁积在心头的怒气一齐迸发出来，奏响了中华民族反对外国侵略的雄壮凯歌。

一池销毁完毕，即打开涵洞，把浸化的毒水排入海内，然后再引入清水把池冲洗干净。这样两个池子轮流销毁，到 1839 年 6 月 25 日，用了二十三天时间，把收缴的鸦片全部当众销毁完毕。在销烟过程中，对那些乘机偷窃鸦片的不肖之徒，从严惩治，决不手软。在一年时间里，林则徐会同邓廷桢等在广东大力查禁鸦片，除收缴英美鸦片贩子的鸦片 237 万多斤外，还破获烟案数百起，拿获人犯 2200 人，收缴鸦片 71.1 万两、烟枪 75726 杆，烟锅 726 口，有效遏制了鸦片流毒恶性蔓延，制止了白银外流。

‖学习延伸‖

虎门销烟是我国近代史上反帝斗争中的光辉一页，林则徐领导禁烟运动的胜利，是近代中国人民反侵略斗争史上第一个伟大胜利。在焚烟和销毁鸦片的过程中，林则徐以民族利益为重，冲破重重阻力，不顾个人安危，坚持斗争，表现出大无畏的英雄气概,他是中国近代史上反抗外国侵略的第一位民族英雄。

第二节　收复新疆名将——左宗棠

‖ 生平简介 ‖

左宗棠(1812年11月10日—1885年9月5日),汉族,字季高,一字朴存,号湘上农人,湖南湘阴人,晚清军事家、政治家、湘军著名将领,洋务派代表人物之一,与曾国藩、李鸿章、张之洞并称"晚清中兴四大名臣",1885年在福州病逝,追赠太傅,谥号"文襄",并入祀昭忠祠、贤良祠。

纵观史料,左宗棠的家国情怀可以概括为三个层面:至死不渝保护祖国的爱国奉献精神,为官一方造福一方的爱乡公仆精神,体恤百姓视民如子的爱民人本精神。

▌人物概况▐

一、早年经历

清嘉庆十七年十月初七（1812 年 11 月 10 日）生于湖南省长沙府湘阴县左家塅。生性颖悟，少负大志。

道光七年（1827 年）应长沙府试，取中第二名。他不仅攻读儒家经典，而且涉猎经世致用之学，涉及中国历史、地理、军事、经济、水利等内容。

道光十年（1830 年），左宗棠进入长沙城南书院读书，师从贺熙龄，贺熙龄称其"卓然能自立，叩其学则确然有所得"。

道光十一年（1831 年），左宗棠又入湖南巡抚吴荣光在长沙设立的湘水校经堂。他学习刻苦，成绩优异，在这年的考试中，七次名列第一。

道光十二年（1832 年），左宗棠参加在省城长沙举行的乡试，因"搜遗"中第。同年，左宗棠与周诒端成婚。

道光十三年（1833 年），左宗棠首次进京应会试，与胡林翼在北京订交。写成组诗《燕台杂感》，涉及新疆形势。

道光十五年（1835 年），左宗棠再赴会试，录为湖南省第十五名，不料因超额而被撤下，仅取为"誊录"。左宗棠不甘屈就，弃职返乡。

道光十八年（1838 年）左宗棠第三次落第归乡，途中于南京拜见陶澍。

道光二十年（1840 年）至道光二十七年（1847 年）在安化陶家任教八年，其间他广读陶家藏书，钻研农学、舆地，编成《朴存阁农书》，并对鸦片战争予以关注，提出"更造火船、炮船之式"等应对方针。

道光二十七年（1847 年），左宗棠返回湘阴柳庄。

道光二十八年（1848 年），湘阴大水，左宗棠赈济乡邻。同年，胡林翼向时任云贵总督林则徐推荐左宗棠，但左宗棠因事未赴任。

道光三十年（1850 年），林则徐返乡，约左宗棠于长沙舟中相见；两人彻夜长谈，涉及古今形势、人物品评、"西域时政"等。林则徐称赞左宗棠是"不凡之才""绝世奇才",期许良厚。

二、镇压天国

咸丰二年（1852年），左宗棠在郭嵩焘等人的劝勉下，应湖南巡抚张亮基之聘出山，投入了保卫大清江山的阵营。

咸丰四年（1854年）四月，左宗棠又应湖南巡抚骆秉章之邀，第二次入佐湖南巡抚幕府，辅佐骆秉章"内清四境""外援五省"。革除弊政，开源节流，稳定货币，大力筹措军购：军械、船只。

咸丰十年（1860年），在太平军攻破江南大营后，左宗棠以四品京堂候补，随同钦差大臣、两江总督曾国藩襄办军务，并在湖南招募5000人，组成"楚军"，赴江西、安徽与太平军作战。

在镇压太平天国后，左宗棠倡议减兵并饷，加给练兵。同治五年（1866年），上疏奏请设局监造轮船获准试行，派员出国购买机器、船槽，并创办求是堂艺局（亦称船政学堂），培养造船技术和海军人才。一年后，福州船政局（亦称马尾船政局）正式开工，成为中国第一家新式造船厂。

三、收复新疆

同治三年（1864年），正值太平天国运动和同治陕甘回变，后者波及新疆，新疆各地豪强趁机而起，出现了割据纷争、各自为王的混乱局面。中亚的浩罕汗国军事头目阿古柏，于同治六年（1867年）建立"洪福汗国"盘踞新疆。沙俄亦趁机于同治十年（1871年）七月侵占伊犁。

光绪二年（1876年）四月，左宗棠在肃州祭旗，正式出兵。左宗棠坐镇肃州，命刘锦棠、金顺分兵两路，先后率师出关。考虑到饮水困难，他把大军分作千人一队，隔日进发一队，刘锦棠走北路，金顺走南路，到哈密会齐。八月，刘锦棠收复乌城，金顺进占昌吉。至此，克复北疆。

光绪三年（1877年）四月，刘锦棠出兵，迅速收复达坂城和托克逊城；徐占彪与张曜在盐池会师，攻克吐鲁番门户七克腾木。阿古柏逃往焉者，留其幼子驻守库尔勒为其垫后。不久，刘、张、徐三军合击，又收复吐鲁番。至此，打开南疆。

光绪三年（1877 年）八月，大军从正道向西挺进，先收复南疆东四城（喀喇沙尔、库车、阿克苏、乌什）。十月间，西征军先后收复喀喇沙尔、库车、库尔勒、拜城、阿克苏、乌什。十二月间，刘锦棠进军，先后收复喀什噶尔、叶尔羌、英吉沙尔。

光绪四年（1878 年）一月，和田克复。至此，这场由英、俄两国支持的阿古柏之乱乃告平息。仅一年多时间，左宗棠就指挥西征军，收复了除伊犁以外的新疆领土。

四、抱憾而终

光绪八年（1882 年），沙俄正式交还伊犁，左宗棠第五次向清朝政府奏请新疆建省。

光绪十年（1884 年），新疆省正式建立。

光绪九年（1883 年），越南局势恶化。左宗棠上奏分析局势，自请赴边督军，并令王德榜招募士兵组成恪靖定边军，准备作战。清廷同意了左宗棠的部分请求，但未同意其亲赴前线。

光绪十一年（1885 年）七月，病重的左宗棠连上两折，其一请求专设海防大臣，其二请求将福建巡抚改为台湾巡抚。不久，清廷成立总理海军事务衙门，台湾设省也终于实现。

光绪十一年（1885 年）九月，左宗棠在福州病故，享年七十三岁。他在临终口授遗折时先感激朝廷的知遇之恩，又说："而越事和战，中国强弱一大关键也。臣督师南下，迄未大伸挞伐，张我国威，怀恨平生，不能瞑目！"并提出诸多富强之策和对光绪帝的劝勉。左宗棠病逝后，清廷追赠他为太傅，谥号"文襄"。

▌▌学习延伸▌▌

一、爱国是左宗棠家国情怀的内核和灵魂

左宗棠为捍卫祖国领土、主权完整而做出的最大贡献，是他在 19 世纪 70 年代力排众议，克服种种困难，率师一举收复新疆地区。此外，左宗棠还最终促成了台湾建省。

二、爱乡是左宗棠家国情怀在生活中的缩影

左宗棠先设置西安机器局，后改兰州机器局。还在新疆阿克苏设制造局，在兰州和库车均设火药局。军事工业的兴办，促成了民用企业的兴起。左宗棠兴办的兰州织呢局，是近代中国第一家毛纺织工厂，其产品既供军用，也投向市场。左宗棠除支持和发展金陵制造局、江南制造总局、福州船政局等原有洋务事业外，还支持由商人集资兴办近代工矿企业，包括徐州利国驿煤铁矿、安徽池州煤铁局等，并架设沿长江的陆路电报线，此外还对西方商人在上海开设纺织厂以及购买土地等行为加以抵制。

三、爱民是左宗棠家国情怀在生活中的生动体现

左宗棠还对官兵进行"孝弟忠信礼义廉耻"方面的训导。用兵时曾强调"临阵外不准滥杀，不准奸淫妇女、搜抢财物、烧毁粮食"等，明知故犯者军法从事。他还注重对将士勤苦耐劳作风的培养，能够自觉地与将士同甘共苦，且以身作则，诚以待下，廉以率属。

第三节 晚清抗法名将——冯子材

微课

‖ 生平简介 ‖

冯子材（1818 年 7 月 29 日—1903 年 9 月 18 日），字南干，号萃亭，祖籍博白，生于钦州沙尾村，晚清名将，官终贵州提督，太子少保，谥号"勇毅"。冯子材逝后葬于钦州，清廷下诏予于钦州城东南隅建"冯勇毅公专祠"纪念，称"宫保祠"。

纵观史料，冯子材爱国精神可以概括为三个层面：至死不渝保卫祖国的爱国奉献精神，为官一方造福一方的爱乡公仆精神，体恤百姓视民如子的爱民人本精神。

▍人物概况▍

一、苦难童年

冯子材祖上世居广东省南海县沙头圩（今属广州市）。清朝乾隆年间，该圩遭受水灾，冯子材的祖父便迁到钦州城外沙尾村定居。嘉庆二十三年（1818年）7月29日，冯子材在这里降生。

童年的冯子材，生活过得十分艰辛。他四岁丧母，十岁丧父，与祖母、兄长相依为命，只上了两个月的学便辍学。十五岁祖母去世，求生的欲望，驱使流浪街头的冯子材操刀使剑，二十多岁时习得一身好武艺，据说一百多人也打不过他，从此以保镖为生。

二、镇压太平天国

道光三十年（1850年），冯子材在广西博白聚众反清。

咸丰元年（1851年）四月，树旗反清的广东天地会领袖刘八率部众万余人进攻博白，冯子材趁机投奔这支队伍。

咸丰三年（1853年）四月，冯子材率部众在南京城外孝陵卫拱卫"江南大营"，以抵抗太平军。

咸丰六年（1856年）六月，清廷江南大营被太平军摧毁，冯子材被逼逃往丹阳。随后向荣病逝，冯子材成为帮办军务的张国梁的部下，积功升至副将。

咸丰八年（1858年）九月，太平军主将陈玉成、李秀成分别领兵5000奉命渡江支援，冯部几乎全军覆没，仅剩三四百亲兵逃回江南。

咸丰十年（1860年）五月，太平军第二次攻破清军"江南大营"。冯子材随张国梁逃到丹阳，又被太平军击败，张国梁在丹阳南门外落水溺死，事后，冯子材收拢残军，退往镇江固守。随后率兵攻克溧水，被升为总兵。

同治元年（1862年）初，冯子材率领3000人镇守镇江，六年治理有方，人们也乐于为其所用。太平军攻打镇江百余次，但却不能动摇冯子材。

同治三年（1864 年）七月，天京陷落，清廷大封功臣，冯子材被任命为广西提督，赏穿黄马褂，封骑都尉世职。

三、镇南大捷

光绪九年（1883 年）十二月，中法战争爆发，清军在越南战场上节节败退。光绪十年（1884 年），两广总督张树声邀请冯子材训练团练，派遣使者前去请驾。使者到时，冯子材正穿着短衣，光着脚，和牧童一起吆喝着牛犊归来，使者说明来意，冯子材推辞了。后来，冯子材听说张树声贤明，就到广州去拜见。正逢接替张树声担任两广总督的张之洞到了广州，他对冯子材以礼相待，请他统率前卫部队守卫广东、广西。

光绪十一年（1885 年），清廷命冯子材辅助处理广西边境外军事事务。听说谅山有警，立即赶赴镇南关，而法军已焚烧镇南关后退兵。龙州危急，冯子材认为关前隘口跨过东西两岭，十分险峻，就命令修筑长墙，率领所属部队扼守，派遣王孝祺的勤军驻扎在后为犄角之势。敌人声称某一天攻打关口，冯子材料到敌人必然提前到达，就决定先发制人。广西巡抚潘鼎新制止他，其他人也不想战斗。冯子材据理力争，亲自率领勤军袭击文渊。夜晚逼近敌人堡垒，杀死并俘虏了很多敌人。

法军兵分三路进攻，冯子材对将士们说："要是法军再打入关内，我们有何面目见广东父老？一定要拼死守关！"于是士气高涨。清军各路部队合力猛烈攻击，敌人逐渐退却。

过了一天，法军又蜂拥而至，冯子材居中指挥，苏元春殿后，王孝祺居右，陈嘉、蒋宗汉居左。冯子材指挥众将屹立不动，遇后退者就杀头。自己手持长矛冲出营垒，带领两个儿子冯相荣、冯相华投入战斗。众将士因为冯子材年已七十还冲锋陷阵，都受到激励，也拼死战斗。关外的散兵和侨民也来助战，杀死了几十名法国官兵，追到关外二十里才回来。过了两日，又攻克了文渊，此后接连收复谅城、长庆，抓获斩首三画、五画兵总各一名，乘胜追击到拉木，收复了所有被侵占的土地。这就是震惊中外的"镇南关大捷"。

镇南关大捷共杀伤法军近千人,使中国军队在陆地战场转败为胜,转守为攻,战争形势为之改变。法军败讯传到巴黎,茹费里内阁被迫辞职。镇南关大捷也是中国近代史上反侵略战争中取得的一次胜利。

四、扶病远征

光绪十二年(1886年),冯子材率军赴琼州(今海口市),平定黎民起义,清廷下诏对其进行了褒奖。随后,调任云南提督,但冯子材因病并未马上赴任。

光绪二十年(1894年),清廷加冯子材尚书衔。同年,中日战争爆发,冯子材奉命召集旧部驻节镇江,以备调遣。后因《马关条约》的签署,冯子材撤离江南。

光绪二十二年(1896年),中英片马争界交涉事起,冯子材赴云南提督任,稳定了云南局势。

光绪二十六年(1900年),冯子材筹备省内防务,这时义和团运动爆发,冯子材上书,请率数营入京勤王。清廷下诏赞赏他的忠诚勇敢,但他没有同意。

光绪二十七年(1901年),冯子材调任贵州。

光绪二十八年(1902年),冯子材因病被免职。

光绪二十九年(1903年),广西钦廉一带会党蜂起,两广总督岑春煊请冯子材出山管理团防。

光绪二十九年(1903年),冯子材病逝,享年85岁。冯子材病逝后葬于钦州,朝廷诏予钦州城东南隅建"冯勇毅公专祠"纪念,称"宫保祠"。

‖学习延伸‖

一、爱国是冯子材爱国精神的内核和灵魂

在冯子材身上,充分体现了心系祖国,为国鞠躬尽瘁死而后已的精神气概。

冯子材在战斗中已是 80 岁高龄之人，但仍身先士卒，勇敢抵抗侵略者。国家危难之际，他老骥伏枥、危难受命，足见其"忠"，而其"忠"又重在爱国，为国家赴难，血染疆场在所不辞。

二、爱乡是冯子材爱国精神在生活中的缩影

冯子材将领具有钟爱故乡的朴素情怀。史书记载："子材……历创医院、育婴等慈产善之业，多独力任之。"由此可见，冯子材对家乡是如此热爱，以致"独力"开展了多项社会保障与慈善事业。

三、爱民是冯子材爱国精神在生活中的生动体现

爱民精神体现在冯子材处理政务、军务的管理当中。史书记载，冯子材生平治军至严，爱民至厚，用人至公，礼士至诚。冯子材始终将平民百姓放在首位，体察民情，体恤百姓。

我们应当永远铭记像冯子材这样的民族脊梁。

第四节　中国铁路之父——詹天佑

微课

‖生平简介‖

詹天佑（1861 年 4 月 26 日—1919 年 4 月 24 日），字眷诚，号达朝，祖籍徽州婺源，生于广东省南海县（今广州市荔湾区），毕业于耶鲁大学，中国近代铁路工程专家，被誉为中国首位铁路总工程师，有"中国铁路之父""中国近代工程之父"之称。

‖ 人物概况 ‖

1872 年 9 月，11 岁的广州府南海县学子詹天佑作为第一批留学幼童背井离乡，前往美国东部学习。前后 9 年留学期间，他凭借自身努力，考取耶鲁大学谢菲尔德理工学院，成为土木工程系 1878 级学生，专习铁路工程。由于清政府在 1881 年 7 月突然终止留学计划，所有幼童中只有两人拿到学士学位，其中一人便是詹天佑。

1881 年 10 月，詹天佑回国。然而，清朝官员囿于科举"功名"之见，只当他是拥有一技之长的工匠。于是，长期学习铁路工程的詹天佑被分配到福州船政学堂学习舰船驾驶，毕竟对于清廷官员来说，铁路与舰船都是"洋玩意儿"，并未意识到这样的安排有何不妥。

1884 年 2 月，詹天佑调任福州水师学堂教习。任教期间，23 岁的詹天佑亲历中法战争。

1884 年 8 月 23 日，法国军舰在福州马江突袭福建水师，"扬武"舰被击沉。这时的詹天佑正在水师学堂上课，他虽然没在一线抵抗，但法国舰艇的炮火摧毁了学堂校舍，他迅速奔向战场，跳入马江帮助援救落水士兵。中法战争最终因为清政府的软弱"不败而败"，福建水师学堂也遭到彻底破坏，难以继续运作。

1885 年，詹天佑调任家乡广州博学馆，担任英文教习。1888 年，他来到中国铁路公司任工程师，开始投身于中国的铁路事业。詹天佑先是参加修建山海关的津榆铁路，当工程进展到滦河时，需要架一座横跨滦河的大铁桥。滦河河床泥沙很深，又遇到水涨流急，设计和施工困难重重。铁桥开始由号称世界第一流的英国工程师担任设计，但是失败了。之后请来日本工程师包工，也不顶用。最后让德国工程师出马，不久也败下阵来。詹天佑要求由中国人自己来做，负责工程的英国人在走投无路的情况下，只得同意让他来试试。詹天佑认真分析了外国工程师用过的各种打桩方法，实地调查、仔细研究滦河河床的地质土壤情况，最后决定改变桥墩的位置，大胆采用新方法——"空气沉箱法"来进行桥墩施工，终于顺利地奠定了稳固的桥基。詹天佑成功了，这让外国人大为震惊。

1894 年，他被选为英国土木工程师会会员，这是中国工程师被选入该会的第一人。

不久，詹天佑被派任新易铁路总工程师。这条铁路是袁世凯献媚慈禧，为便利她去西陵祭祀而决定修建的。该线总长 45 千米，限期 6 个月内完工，不能贻误第二年春天的祭陵。詹天佑接受任务时，距通车限期只有 4 个月了。时值冬令，河水冰结，施工困难重重，材料一时也无法筹集齐全。詹天佑想方设法，借用京奉铁路的旧钢轨为岔道，对枕木的排列则较疏，桥梁则用木架便桥代替，率全体工程人员日夜赶修，每天工作 15 个小时，有时甚至通宵，终于如期完工。这条铁路的建成，使詹天佑在国内外工程技术人员心中树立了很高的威信，鼓舞了清政府用自己的人才建筑铁路的勇气和信心。

1904 年，清政府决定兴建京张铁路。京张铁路由丰台经北京西南门至张家口，全程虽然只有 180 多千米，但中间隔着居庸关、八达岭，层峦叠嶂、石峭弯多，工程艰巨。詹天佑把全部工程分为 3 段。1906 年 1 月 6 日开始从丰台铺轨。

第一段工程不到一年就竣工通车了。第二段工程是三段工程中最艰巨的，尤其是居庸关和八达岭的两个隧道工程。詹天佑根据隧道不同的地层结构和长度，决定对较短的居庸关隧道，采用两端对凿的方法，对长达 1091 米的八达岭隧道，除两端对凿以外，还在中间开了竖井，向两头开凿，这样既保证了施工质量，又加快了工程进度。凿洞时，大量的石块全靠人工一锹一锹地挖，涌出的泉水则一担担地往外挑，身为总工程师的詹天佑也毫无架子，同工人们一样，一身污泥一身汗。

詹天佑还创造性地设计了一种"人"字形线路，解决了火车爬坡难的问题。八达岭地势险、坡度大，詹天佑决定不采用通常的螺旋式的线路，而是从青龙桥起，依着山腰设计了一段"人"字形的线路。列车到了这里，改用大马力机车从后推列车前进，到"人"字的交叉点时，再加用一台机车在前面把列车往上拉。车厢原在前头，改变方向后就改在后尾，不用调拨。同时，每节车厢之间都改用自动挂钩，十几节车厢连接成一个牢固的整体，在大马力机车的牵引下，列车就可以顺利地爬过八达岭。

1909 年 9 月 24 日京张铁路全线通车，原计划要 6 年才能修完的铁路，4 年就完工了。工程费用比原估预算节省了 356774 两白银。詹天佑对京张铁路工程提出的"花钱少、质量好、完工快"的三个目标也全部达成。

詹天佑从事铁路事业 30 多年，几乎和当时我国的每一条铁路都有不同程度的关系，但他却不务虚名。他经常因公到京办事，却从不住豪华饭店，而是寄寓在工程师学会宿舍。他工资不算少，但积蓄的钱几乎都买了铁路公债，还出资为中华工程学会购置了一幢房屋。在待人接物方面，他刚直无私，凡是不符合条件之人绝不安排在铁路工作。

1919 年初，詹天佑在海参崴和哈尔滨的会议上，为维护国家主权，竭尽全力和帝国主义国家代表作坚决斗争。但这时，他已积劳成疾，加上会议频繁，气候寒冷，不幸身患痢疾。4 月 15 日詹天佑回到汉口，9 天后病逝，年仅 59 岁。

‖学习延伸‖

詹天佑是我国近代科学技术界的先驱者之一，伟大的爱国主义者，杰出的铁路工程技术专家，中华铁路第一人。作为中国铁路事业的先驱，詹天佑被人们称作"中国铁路之父""中国近代工程之父"。

第五节　北大校长——蔡元培

微课

‖生平简介‖

蔡元培（1868年1月11日—1940年3月5日），字鹤卿、仲申、民友、孑民，乳名阿培，曾化名蔡振、周子余，浙江绍兴府山阴县（今浙江绍兴）人。中国近代著名教育家、革命家、政治家，民主进步人士，中华民国首任教育总长。

1916—1940年，先后任北京大学校长兼中法大学校长、中央研究院院长。其间，参与发起"护国救党运动"；主持制定中国近代高等教育第一个法令——

《大学令》；倡议创建国立中央博物院。

‖ 人物概况 ‖

1868 年 1 月 11 日，蔡元培出生在浙江省绍兴府的山阴县。17 岁时考取秀才，22 岁时中举人，23 岁时进京会试得中成为贡士。25 岁时，经殿试中进士，被点为翰林院庶吉士。

1894 年，蔡元培被授职翰林院编修。就在这一年，甲午战争爆发，蔡元培开始接触西学。

1901 年夏，蔡元培到上海代理澄衷学堂（现上海市澄衷高级中学）校长，即为首任校长。

1904 年，蔡元培在上海组织建立了光复会。1905 年同盟会成立，光复会并入，孙中山委任蔡元培为同盟会上海分会负责人。

1912 年 1 月 4 日，中华民国临时政府在南京成立，蔡元培就任南京临时政府教育总长。他颁布了《普通教育暂行办法》，并主持制定了《大学令》和《中学令》，这是中国的第一个大学和中学校令，他强调要把中学和大学建造成健全国民的学校。任南京临时政府教育总长的他主张采用西方教育制度，废止祀孔读经，实行男女同校等改革措施，确立起中国资产阶级民主教育体制。

1916 年 12 月 26 日，蔡元培受命担任北京大学校长。支持新文化运动，提倡学术研究，主张"思想自由，兼容并包"，实行教授治校。1917 年 1 月 9 日，蔡元培发表就任北京大学校长的演说，对学生提出三点要求：一曰抱定宗旨，二曰砥砺德行，三曰敬爱师长，将"抱定宗旨"置于首位。

1917 年，蔡元培聘请《新青年》主编陈独秀为文科学长，并聘请李大钊、胡适、钱玄同等"新派"人物在北大任教，采用"思想自由，兼容并包"的办学方针，实行"教授治校"的制度，提倡学术民主，支持新文化运动。

1920 年初，蔡元培与李石曾、吴敬恒，利用庚子赔款，创办中法大学于北京。1920 年 2 月，蔡元培下令允许王兰、奚浈、查晓园 3 位女生入北大文科旁听，当年秋季起即正式招收女生，开中国公立大学招收女生之先例。

1933 年，蔡元培倡议创建国立中央博物院（今南京博物院前身），并亲自兼任第一届理事会理事长。全面抗战爆发初期，蔡元培与厉麟似、胡愈之等上海文化界知名人士联合组织成立了上海文化界救亡协会，积极组织发动文化界人士及民众投入抗日救亡运动。

1940 年 3 月 5 日，蔡元培在中国香港病逝，葬于香港仔山巅华人公墓。蔡元培逝世后，国内各主要党派和团体以及要人名流纷纷致电吊唁。

▌▌学习延伸▌▌

蔡元培对近代与现代中国教育、中国革命做出了不可磨灭的贡献：

1. 自蔡元培始，中国才形成了较完整的资产阶级教育思想体系和教育制度。

2. 他的"思想自由，兼容并包"的主张，使北大成为新文化运动的发祥地，为新民主主义革命的发生创造了条件。

3. 为中华民族保护了一批思想先进、才华出众的学者。

他不仅为中国近现代资产阶级大学教育理论的形成打下了坚实的基础，而且其中许多真知灼见，如重视大学开展科学研究工作，提倡"思想自由，兼容并包"，注重发展学生个性，主张"沟通文理"，以及"依靠既懂得教育，又有学问的专家实行民主治校"等理念也对后世产生了重大影响。

微课

第六节　党的女创始人——向警予

‖ 生平简介 ‖

向警予（1895年9月4日—1928年5月1日），女，原名向俊贤，土家族，湖南省溆浦县人。她是中国共产党早期领导人及创始人之一，女权主义领袖、无产阶级革命家、妇女解放运动领导人之一。1928年3月20日，由于叛徒的出卖，向警予在法租界三德里被捕，同年5月1日向警予被押赴余记里空坪刑场，终年33岁。

2009年向警予被评为100位为新中国成立做出贡献的英雄模范人物之一。

‖ 人物概况 ‖

向警予1895年9月出生于溆浦县城一个殷实的商人家庭。1912年以优秀成绩考入湖南省立第一女子师范学校，两年后转入周南女校，并将名字改为向警予，表示对封建势力的高度警惕和反抗。向警予在这里认识了蔡畅，并通过她结识了蔡和森和毛泽东。

1916 年夏，向警予从周南女校毕业，回溆浦创办男女兼收的新型学校——溆浦女校，以"自治心，公共心"为校训，重视新思想的传播，尊重学生个性，反对"驰骤之若牛马"的奴化教育。

1919 年秋，向警予参加了毛泽东、蔡和森等创办的革命团体新民学会。同年 10 月与蔡畅等组织湖南女子留法勤工俭学会，成为湖南女界勤工俭学运动的首创者。12 月，向警予和蔡和森一起赴法勤工俭学。她发奋学习马克思主义经典著作，积极参加工人运动实践，从一个激进民主主义者迅速成长为共产主义战士，坚定地支持蔡和森的建党主张，积极参与建党工作。

共同的理想信念使向警予和蔡和森产生了爱情，1920 年他们在法国蒙达尼公学附近的一个木板平房里结婚。在简朴的婚礼上，蔡和森、向警予两人手捧着《资本论》并肩而坐，拍了一张颇具独特意义的结婚照，宣示他们不仅是爱情上的同盟，更是建立在马克思主义共同信仰基础上的革命同盟。

1922 年初，向警予回国后正式办理了入党手续，开始领导中国最早的无产阶级妇女运动，在妇女解放运动史上做出了不可磨灭的贡献。

1925 年 5 月，向警予任中共中央妇女部主任，并增选为第四届中央委员和中央局委员。五四惨案发生后，向警予领导上海妇女界参加了这场反帝爱国斗争。

1925 年 10 月，向警予赴莫斯科东方劳动者共产主义大学学习。1927 年回国后，在中共汉口市委宣传部和市总工会宣传部工作。大革命失败后，党的大部分领导同志先后转移，向警予主动要求留在武汉，坚持地下斗争。有的同志考虑到她在社会上影响很大，在白色恐怖笼罩下的武汉太危险，劝她离开武汉到上海去。向警予说："武汉三镇是我党重要的据点，许多重要负责同志牺牲了，我一离开，就是说我党在武汉失败了，这是对敌人的示弱，我决不能离开！"

1928 年 3 月 20 日，由于叛徒的出卖，向警予不幸被捕。敌人对她严刑逼供，但她始终坚贞不屈，严守党的秘密，严守共产党员的操守，表现了共产党人的浩然正气和崇高品格。

国民党新军阀决定在 5 月 1 日这个全世界工人阶级的节日里杀害她。向警予视死如归，在走向刑场的路上，沿途向广大群众进行演讲。敌人对此极端恐惧，宪兵们殴打她，想使她不再说话，但她仍然坚持讲下去。残酷的刽子手向她嘴里塞进石头，又用皮带缚住她的双颊，街上许多人看了都哭泣起来。向警予被押赴刑场，为中国人民的解放事业英勇牺牲，时年 33 岁。

▌学习延伸▌

1939 年在延安纪念三八妇女节大会上，毛泽东在讲话中高度评价了向警予的一生。他说："要学习大革命时代牺牲了的模范妇女领袖、女共产党员向警予。她为妇女解放、为劳动大众解放、为共产主义事业奋斗了一生。"向警予创办的溆浦女校也更名为警予学校，她当年亲自编写的校歌在一代又一代师生中传唱。

第七节　民国外交家——顾维钧

▌生平简介▌

顾维钧（1888 年 1 月 29 日—1985 年 11 月 14 日），字少川，出生于江苏省嘉定县（今上海市嘉定区），毕业于美国哥伦比亚大学，中国近现代外交家，北洋政府第十三位国家元首。

他曾作为中国代表团成员出席巴黎和会和华盛顿会议，为维护中华民族的权益做出了贡献，被誉为"民国第一外交家"。1985 年 11 月 14 日，顾维钧逝世，享年 98 岁。

▌▌人物概况▌▌

1888 年 1 月 29 日，顾维钧生于江苏嘉定（今上海嘉定区）。

1899 年，顾维钧考入上海英华书院；1901 年，考入基督教会所办的上海圣约翰书院读书；1904 年，自费随施肇基率领的湖北官费生赴美留学，入纽约州库克学院读英语。

1905 年，顾维钧考入哥伦比亚大学，主修国际法和外交；1909 年，获学士、硕士学位；1914 年，升任外交部参事。

1918 年 11 月 11 日，第一次世界大战以协约国胜利宣告结束。1919 年 1 月 18 日巴黎和会召开，中国以战胜国身份参加，顾维钧奉命作为中国代表团先遣队成员之一，与美国代表团同船到达巴黎。顾维钧为中国代表团草拟了向和会提出的三项要求：第一，取消帝国主义列强在华的一切特权（包括放弃在中国划分的势力范围、撤退驻华的外国军警、撤销外国在华的邮政电报特权、取消领事裁判权、归还租借地和租界、停付庚子赔款等）；第二，取消袁世凯政府与日本签订的"二十一条"不平等条约；第三，把德国在山东的一切特权归还中国。

1919 年 1 月 27 日，顾维钧接美国代表团顾问电话提醒："在上午召开的英、法、美、意、日五国首脑和外长参加的十人最高会议上，日本提出将由它接管德国在山东的一切特权。下午将继续开会听取中国代表团对山东问题的立场，通知即将发出，中国代表团应立即准备发言。"可是中国代表团到达巴黎后，却把自己的使命搁在一边，忙于为排名次而争吵，直到27日这一天还没讨论过应对山东问题的策略，那时离下午开会只剩三个小时。顾维钧立即向中国代表团转达下午开会讨论山东问题的消息，但代表团内互相推诿。对山东问题早有研究的顾维钧挺身而出："我们应该赴会表明捍卫国家领土主权的立场，这是我们神圣不可放弃的权利，如果放弃这个权利，代表团还有何颜面回去见国人。"最后中国代表团匆匆让顾维钧和王正廷博士参会，这时离开会只剩20分钟。

会议在法国外交部会议厅举行，法国总理克里孟梭是十人会议主席，右边坐着英国首相劳合·乔治和外长、美国总统威尔逊和国务卿蓝辛、意大利总理奥朗多和外长；在主席对面坐的是日本代表团首席代表西园寺和外相牧野伸显；中国代表团被指定在主席左边就座。会议开始由牧野发言，他老调重弹，态度极为傲慢地说：山东租借地早已由德国交给日本，日本是战胜国有权处理这个问题，而且中国已与日本签订了条约（指"二十一条"），承认日本拥有山东权益，总之这个问题已无须再议。克里孟梭随即问中国代表是否准备发言，顾维钧和王正廷商量后，王正廷说："我们代表团的顾维钧博士将予以答复，但须给予时间准备。"在威尔逊和蓝辛的大力支持下，克里孟梭只好宣布休会，让中国代表作准备，第二天上午复会。

1919年1月28日上午，会议还是在法国外交部举行，场面和前一天一样。顾维钧没拿讲稿，一上台面对列强就作了一段在中国外交史上具有传奇色彩的有力陈述："山东是中国文化的摇篮，中国的圣人孔子和孟子就诞生在这片土地上。孔子犹如西方的耶稣，山东犹如西方的耶路撒冷，中国不能失去山东犹如西方不能失去耶路撒冷。"此言一出，语惊四座，立即迎来经久不息的掌声。牧野见此情景，气急败坏地指责"中国是未出一兵一卒的战胜国"。顾维钧立即拿出一张在法国战场上的华工墓地照片，慷慨激昂地说："像这样的墓地在法国和欧洲还有几十处。中国派到欧洲的14万劳工，绝大多数都是山东人，他们历尽艰辛、远渡重洋到达欧洲，'以工代兵'，在享受不到战士待遇的情况下，仍然无怨无悔、奋不顾身地在对德战场周围抬担架、救助伤病员、掩埋尸体、运送枪炮弹药。成千上万的中国劳工战死在沙场上，或终生残疾回不了家乡，这都是有目共睹的事实。因此中国代表团要求和会将战败国德国战前占领的山东租借地、铁路归还中国。大家都知道这片租借地是德国用武力从中国夺去的。当时德国舰队占领山东海岸，它敲诈勒索租借地作为撤军条件，借口有两位传教士在中国遇害，便出兵占领，谁都知道遇害实非政府所能控制。基于和会接受的'民族自决与领土完整'原则，中国就有权利要求归还这些领土。中国代表团认为这是正义的和平条件之一。"

顾维钧扎实的国际法则功底、充满正义的雄辩，获得雷鸣般的掌声。威尔逊总统和蓝辛迈着快步上前紧握顾维钧的手说："您今天作了一篇阐明中国立场的最好演说，我谨表示热烈祝贺！"英国首相和外长也跟着过来道贺，更令人想象不到的是日本的西园寺也走过来和他握手，可见真理的威力是无比强大的。在离开会场前，大批媒体记者把中国代表团成员围起来，热烈祝贺顾维钧为中国作了一场充满智慧、打动人心的精彩演说。

第二天，法、英、美等国的报纸都在最显著的版面报道中国代表团发出的中华民族正义呼声。

1919 年 6 月 28 日是巴黎和约的签字日，在万余旅法华侨和留学生的支持和监督下，顾维钧等人拒签和约，"五四运动"取得重大胜利，并使以爱国主义为核心的"爱国、进步、民主、科学"的五四精神大放光芒。"五四运动"有力地促进中国工人运动和马克思主义理论相结合，为中国共产党的成立准备了思想理论和干部条件。1921 年中国共产党的诞生，使中国革命的面貌焕然一新。

1945 年顾维钧任国民党政府外交部长，在筹组联合国期间，力主中国代表团必须有中共代表参加，1945 年 6 月 26 日联合国成立时，他代表中国政府第一个在《联合国宪章》上签字，当时中国共产党代表董必武等人也出席了签字仪式，一同见证联合国的成立。

顾维钧从事外交工作 50 多年，于 1985 年 11 月 14 日在美国纽约寓所无疾而终，享年 98 岁。

‖学习延伸‖

从外交意义而言，顾维钧是政府的外交代表；从国际意义而言，顾维钧是人类追求和平与秩序、公理与正义的代表。

第八节　近代中国第一位律师——郑毓秀

‖生平简介‖

郑毓秀（1891 年 3 月 20 日—1959 年 12 月 16 日），别名苏梅，清光绪十七年（1891 年）出生在广东广州府新安县西乡乡屋下村（今广东省深圳市宝安区西乡镇乐群村），1959 年在洛杉矶病逝，享年 68 岁。

郑毓秀是近代中国第一位获得博士学位的女律师，第一位省级女政务官，第一位地方法院女院长，第一位外交女特使，还是第一位把妇女婚姻自主权利写进法律条文之中的立法委员。

‖ 人物概况 ‖

1891 年，郑毓秀出生在一个封建官吏家庭。她天性"叛逆"，对"三从四德"的规训置之脑后。当时裹脚之风犹存，家人忧其不缠脚，将来大脚女难嫁人，然而任凭家人软硬兼施，年仅五六岁的小毓秀死活不让缠脚，家人无计可施只好作罢。

1904 年，郑毓秀年方十三，当她得知祖母在她年幼时，就把她与当时两广总督的儿子订了婚约，颇为不满，毓秀竟亲自写信给男方，解除了这个未经其同意的婚约，为此她惹了一场风波，只好离家出走。

1905 年，郑毓秀进入了天津"崇实女塾"教会学校，接受西式教育。1907年，她随姐姐东渡扶桑。在日本期间，郑毓秀接受了孙中山反清革命思想熏陶，认识到要救国，只有反清。1906 年，经廖仲恺介绍，15 岁的她参加了孙中山领导的资产阶级革命党——同盟会。不久，郑毓秀回国从事革命活动。

辛亥革命爆发后，郑毓秀多次为革命党人秘密运送军火，传递情报，并成为声名显赫的女杀手。她曾在 1910 年参与了革命党人暗杀清廷要员载沣和组织暗杀袁世凯的行动。虽然未遂，却将袁世凯吓得半死。1912 年，郑毓秀等人炸死清朝大臣良弼。

1914 年，在获知袁世凯打算追杀自己时，郑毓秀被迫选择了出国留学。她在巴黎取洋名为苏梅，进入法国巴黎大学的前身索邦大学攻读法学专业。学习期间，郑毓秀依旧萦心国事，系念同胞，忙于社交界，是巴黎华人女性的杰出代表。经过 3 年的刻苦攻读，她于 1917 年以优异的成绩获得巴黎大学法学硕士学位，并且继续攻读博士学位。求学期间，她加入了法国法律协会，是该会的第一位中国人。

1919 年 1 月，第一次世界大战的战胜国在法国巴黎凡尔赛宫召开"巴黎和会"，不公消息传来，引起中国人民的抗议，爆发了反帝反封建的五四运动。就在巴黎和会签字的前一天晚上，300 多名留法学生和华工包围了中国首席代表陆徵祥的下榻地，要求他不要在和约上签字。郑毓秀被推举为代表与陆徵祥谈判，而此时，陆徵祥已接到北京政府的示意，准备在和约上签字。郑毓秀急中生智，在花园里折了一根玫瑰枝，藏在衣袖里，进了陆徵祥的房间，她出其不意用衣袖里的玫瑰枝顶住陆徵祥前胸，声色俱厉地说："你要签字，我这支枪可不会放过你。"这样一来，陆徵祥不敢去凡尔赛宫签字，并辞去代表职务。中国没有在巴黎和约上签字，从而保留了中央政府收回山东失地的权利。而郑毓秀"以玫瑰为枪"的义举，也成为街头巷尾的热议话题。

1926 年，郑毓秀与同学魏道明博士在上海法租界开设了一个律师所，执行律师业务，并成为中国第一位女律师。

1927 年 3 月，郑毓秀担任上海地方审判厅厅长，成为中国第一位地方法院女院长。次年 11 月，国民政府立法院成立，郑毓秀获任第一届立法委员，是51 名委员中仅有的两名女性之一，同时兼任法制委员会、外交委员会委员。她还同时兼任江苏地方检察厅厅长和上海临时法院院长。在立法院，她被指定为民法起草委员会委员，拟订民法草案。

一向主张男女平等的她，在立法过程中积极活动，使当时的民法草案沾上了"男女平等"的浓厚色彩。草案规定，男女在家庭中享有平等权利；未婚、已婚女子与男子同享平等的继承权；夫妻彼此都有继承遗产的权利；未婚成年女子有权签订或废止婚姻契约；已婚妇女有权保留自己的姓氏，可以不冠夫姓。这些规定今天看来稀松平常，在当时却具有划时代的意义。

作为一名女律师，郑毓秀在离婚案件中的女性利益保护方面，可谓亲力亲为。其中最著名的，当数京剧大师梅兰芳与孟小冬的离婚案。1931 年，梅兰芳与孟小冬 4 年的婚姻走到尽头，虽事实上分了手，但法律上还没有结束婚姻关系。在郑毓秀的调解下，这场离婚案以梅兰芳付孟小冬离婚补偿 4 万元告终。梅孟离婚案让郑毓秀在上海妇女心中的地位日益上升，后来，郑毓秀逐渐成为女子平权的代表。

晚年她随夫出任驻美大使漂泊海外。1954 年，郑毓秀左臂被发现癌变症状，被迫切除左臂。1959 年 12 月 16 日病逝于美国洛杉矶，终年 68 岁。

‖ 学习延伸 ‖

作为现代中国第一位女法学博士、第一位女律师、第一位女法院院长，本身即足为法律史铭记。而因为她的努力，民法草案第一次有了专门针对妇女权益的界定，对于妇女权益有了系统的保护，更是值得称赞。

第四章

扬我中华　探寻新路的近代史

第一节 民主革命志士——秋瑾

微课

生平简介

秋瑾（1875 年 11 月 8 日—1907 年 7 月 15 日），字竞雄，号鉴湖女侠，浙江绍兴人。中国女学思想的倡导者，近代民主革命志士，中国近代资产阶级革命家。

秋瑾是为推翻数千年封建统治而牺牲的革命先驱，为辛亥革命做出了巨大贡献，为妇女解放运动的发展起到了巨大的推动作用。1907 年 7 月 15 日凌晨，秋瑾从容就义于绍兴轩亭口，年仅 32 岁。

人物概况

1875 年，秋瑾出生在一个官宦之家，她的祖父与父亲都是"学而优则仕"

的知识分子。在素重诗礼的家庭环境的熏陶下，秋瑾能文善诗，素有"才女"的美誉。她自幼就敬仰花木兰、秦良玉等女英雄，并从表兄单宝勋那里学会了骑马、射箭，为以后从事繁重的革命工作打下了基础。

1896 年，奉父母之命、媒妁之言，秋瑾嫁与湖南湘乡的王廷钧为妻。王廷钧的父亲王黻臣是曾国藩的亲戚，是当地的大富豪之一。秋瑾本期望将其终身托付给一位有志向、有胆识的君子，而王廷钧却是一个典型的纨绔子弟，整日吃喝嫖赌，不学无术。两人的思想和价值观都存在着巨大差异，秋瑾深陷婚姻生活的痛苦之中，她也因此深切地意识到妇女应该冲破家庭礼教的束缚，寻求解放。

1903 年，秋瑾随丈夫到北京捐官。在这里，她看到了经历甲午战败和庚子事变后的民族危难与社会黑暗，百姓身处水深火热之中，官员生活却糜烂不堪。她痛恨清政府的腐朽无能，更痛恨西方侵略者肆意欺压中国人民，她敏锐地感受到晚清社会的风云涌动，察觉到新旧思想的激烈交锋。秋瑾开始通过创作诗文来表达对国家前途命运的担忧，抒发报国宏愿。

1904 年，秋瑾不顾丈夫和宗族的反对，变卖首饰筹集经费，东渡日本留学。留日期间，她易名为瑾，字为竞雄，又署汉侠女儿。在这里，她学习资产阶级先进的理论和知识，进一步接触到女权理论和学说，同时积极结交革命志士。秋瑾先是加入了旨在"推翻满清、恢复中华"的"三合会"，后与留日学生组织成立"演说练习会"，以演讲作为斗争武器，宣传革命思想。

1905 年，秋瑾回国加入光复会。同年 7 月再赴日本东京，后加入同盟会，被推为评议部评议员和浙江主盟人。翌年归国，在上海参与创办中国公学。1907 年 1 月她创办我国第一份宣传民主革命的妇女报刊——《中国女报》，号召妇女为争取解放而斗争。

1907 年 2 月，秋瑾接办了大通师范学堂。公开宣传爱国思想，训练女国民军，她经常身穿男子体操军衣，怀藏勃朗宁手枪，佩刀骑马，指挥学生进行军事训练。同时她积极发展革命组织，秘密联络各府会党、新军等，组织光复军，筹备武装起义。她与徐锡麟等人商定在浙皖两省同时起义，以安徽安庆为重点，浙江绍兴为中枢，在金华和处州（今丽水）等地同时发动，占领两省重镇之后，攻取南京。

1907 年 7 月 6 日，徐锡麟刺杀安徽巡抚恩铭失败，被抓后被凌迟处死，秋瑾闻讯，痛不欲生。而当她得知清政府来抓她的消息后，原本可以逃走的她却拒绝逃走，对劝她的人说："革命要流血才能成功，满奴能将我绑赴断头台，革命成功至少提早 5 年。"秋瑾想用她的死，唤起大众推翻清政府的决心。秋瑾一语成谶，5 年后即 1912 年，清王朝走向覆灭。

1907 年 7 月 14 日，清军逮捕了秋瑾。而此前她早已烧毁了秘密文件，将学生们遣散回家，等清军包围了大通学堂时，只剩她 1 人。秋瑾被连夜审讯，要她交出组织情报及同党名单，秋瑾坚不吐供，只写下了那句盛传了 100 多年的 7 字名言："秋风秋雨愁煞人"。这是秋瑾唯一的"笔供"。次日凌晨，在绍兴轩亭口，秋瑾大义凛然，从容就义，牺牲时年仅 32 岁。

▌▌学习延伸▌▌

秋瑾身体力行，一生都在为挽救国家危难而奔走，并甘愿为民主革命牺牲自我。孙中山赞誉秋瑾为"巾帼英雄"，郭沫若也评价说"秋瑾烈士是中华民族觉醒初期的一位前驱人物。她是一位先觉者，并把自己的生命奉献给了反封建主义和争取民族解放的崇高事业"。

第二节　中国化学工业奠基人——范旭东

▌▌生平简介▌▌

范旭东（1883 年 10 月 24 日—1945 年 10 月 4 日），原名源让，字明俊，

后改名锐，字旭东，出生于长沙，祖籍湖南湘阴，毕业于日本京都帝国大学，被称为"中国民族化学工业之父"，化工实业家，中国重化学工业的奠基人。

‖ 人物概况 ‖

因幼年丧父，范旭东跟随母亲谢氏和兄长范源濂辗转到长沙定居。家庭生活十分贫困，不仅无钱读书，连糊口都很难，一度靠长沙城中的慈善机构保节堂供养度日。其兄范源濂早年受社会进步风气影响，获梁启超赏识，得以在学堂半工半读，赡养老母和培育幼弟读书。范旭东也很上进，在兄长的帮助下，于1900年东渡日本留学。

在日本，范旭东不断接受新思想，积极从事爱国宣传，考察日本社会，研究日本富强的原因，寻找救国的良策。旅居日本期间，范旭东对国家的现状了解越发清晰，对这个腐败无能的清政府几乎绝望。在学习制造炸药的过程中，范旭东开始接触化学研究，并产生了浓厚的兴趣，他开始决心研究化学。

1914年，第一次世界大战开始不久，范旭东就在天津塘沽创建了中国第一家现代化工企业——久大精盐公司（"久大"乃长久光大之意，1919年改为久大盐业公司）与中国自行设计自行建造的第一座精盐工厂——久大精盐厂，生产出了我国的第一批"海王星"牌食用精盐。久大厂生产的精盐品质洁净、均匀、卫生，使中国从此开始逐渐告别了几千年吃未经改制的原盐（又称土盐，多杂质，甚至有小泥石）的历史。

1917年，范旭东在精盐厂旁建设了亚洲第一座纯碱工厂——永利碱厂，该厂至今屹立在渤海之滨；1922年范旭东在塘沽又创建了我国第一家私立化学工业研究机构——黄海化学工业研究社。在20世纪20年代初期，一般人都对科研缺乏认识，范旭东在资金十分困难的情况下，仍投入十多万元营建了一所能集中技术人员进行研究的机构，这需要足够的魄力和远见卓识。

1927年，范旭东创办了第一份企业刊物《海王》杂志，次年在天津公开出版发行，扩大了企业的影响，也推动了企业的科学研究，更增强了企业的凝聚力。此后范旭东又先后在青岛开办了永裕盐业公司；在汉口开办了信孚盐业运销公司；在江苏连云港开办了久大盐厂大浦分厂，专门从事海水制精盐生产，沿海精盐年产量达到两万吨。他还在连云港办了发电厂，保证盐厂的用电。今天连云港碱厂就是依托范旭东创办的盐厂与发电厂发展起来的。

范旭东1934年在南京长江之北的六合县（今南京市六合区）卸甲甸建设永利硫酸铵厂。1937年成功生产出"红三角"牌化肥。这是中国自己生产的第一包化肥（民间俗称"肥田粉"），是我国生产的第一批硫酸铵产品，翻开了中国化肥工业史上崭新的第一页。南京永利硫酸铵厂作为当时国内罕见的化工联合企业，技术与企业规模都远远超出了我国20世纪30年代的整体工业水平，国人把它和美国的杜邦公司相媲美，是名副其实的"远东第一大厂"。

1937年秋，日本军部华北开发公司授意其下属的兴中公司夺取永利碱厂。由于永利碱厂在国际上负有盛名，日本人希望通过"合法"手续，"名正言顺"地得到产权。范旭东答道："厂子我不卖，你要能拿走，就拿走好了。"日本军部终于失去耐心，下令强行接管永利碱厂。范旭东在塘沽的产业就此全部落于日本人之手。南京厂同样没能逃脱被夺厄运。这个刚刚建成的工厂已达国际水准，能够生产制作弹药所需的化工产品，日军逼近南京时，有意将这个亚洲第一流的大厂完整保存下来，他们通过各种渠道，逼范旭东就范，只要他愿意合作，就可保证工厂安全。范断然拒绝，答复说："宁举丧，不受奠仪。"

天津和南京的工厂落入敌手后，范旭东和同事们把部分设备搬迁到了四川。1938年9月18日，也就是"九一八"纪念日当天，新的久大盐厂在自贡宣告成立。次年，永利和黄海也在五通桥重新建成。在重庆久大、永利联合办事处的墙上，挂着一张塘沽碱厂的照片，范旭东亲自在上面写了"燕云在望，以志不忘"八个字。

1945年10月4日，范旭东因突发疾病在重庆去世，终年只有61岁。在逝世前，昏迷中的他用手拼命向空中抓去，嘴中大喊，"铁链……"，其临终遗言是"齐心合德，努力前进"。

‖ 学习延伸 ‖

范旭东的一生是为创立、发展我国民族化学工业而献身的一生。他为此历尽艰辛，百折不挠，敢为天下先。他创建的久大、永利、黄海三位一体的事业团体，奠定了我国现代民族化学工业的基础，其光辉事业永彪史册。

第三节　一代报人——邵飘萍

‖ 生平简介 ‖

邵飘萍（1886年10月11日—1926年4月26日），中共党员，原名镜清，后改振清，字飘萍，笔名萍、阿平等，生于浙江东阳，毕业于浙江高等学堂，革命志士，民国时期著名报人、《京报》创办者、新闻摄影家。

他是中国传播马克思列宁主义、介绍俄国十月革命的先驱者之一，是中国新闻理论的开拓者、奠基人，被誉为"新闻全才"，于 1926 年 4 月 26 日被进军北京的奉系军阀张作霖杀害。

▌人物概况▐

1886 年 10 月 11 日，邵飘萍出生于浙江东阳一个寒儒家庭。

1909 年，他从浙江省立高等学堂毕业后回金华任教，其间被《申报》聘为特约通讯员，为其撰写通讯。

1911 年，邵飘萍辞去教职，赴杭州寻找办报机遇。他拜访新闻界前辈杭辛斋，与其联手共办《汉民日报》，并发表署名"振青"的评论文章抨击社会丑恶现象，开始了职业报人生涯。

1913 年 8 月 10 日，他因"扰害治安"和涉嫌参与讨伐袁世凯的罪名入狱，《汉民日报》遭封。邵飘萍被妻子汤修慧设法营救出狱后，暂避日本，进入东京法政大学，与同乡组建"东京通讯社"，为国内各报提供"东京特别通讯"。

1915 年底，邵飘萍学成返回上海，应邀任《申报》《时报》《时事新报》主笔。他发表了大量抨击袁世凯称帝的文章，笔锋犀利，直接影响了时局。

1916 年，邵飘萍出任《申报》驻京特派记者，成为中国新闻史上第一个享有特派员称号的记者。

1918 年 10 月 5 日，32 岁的邵飘萍辞去第一大报特派记者之职，自筹资金创办《京报》，从此开始以笔为枪、唤醒民众的新闻救国活动。

1925 年，邵飘萍经李大钊等介绍秘密加入中国共产党，并被赋予宣传和情报两项"特别的工作任务"。他在《京报》上编发《马克思纪念特刊》《列宁特刊》，阐述马克思主义的精髓，使马克思主义的火种得到广泛撒播。

1925 年，在上海发生日、英帝国主义枪杀中国工人的五卅惨案后，《京报》旗帜鲜明地进行声援，公开刊出"打倒外国强盗帝国主义"的口号，同时还有力地批驳了外国通讯社诬蔑中国人民的反帝爱国运动是越轨运动、有"赤化"背景的无耻谰言。

1926 年，北京又发生"三一八惨案"，段祺瑞反动政府的卫队开枪杀伤游行请愿的群众二百余人。《京报》不仅及时真实地报道了惨案情形，而且"决心要将真情布之内外，唤醒各党各派，一致起而讨贼"。

1926 年 4 月 22 日，因报馆有事务亟待处理，邵飘萍不顾个人安危，趁夜赶回京报馆。在他离开报馆时，不幸被潜伏的特务逮捕。特务还搜走了《新俄国之研究》的书稿，以作为"罪证"。邵飘萍被捕后，北京新闻界代表刘煌等13 人曾设法营救，但未能成功。军阀张作霖以"宣传赤化，流毒社会，贻误青年"为罪名判其死刑，并于 4 月 26 日黎明，秘密将邵飘萍押送到天桥东刑场。临刑前，邵飘萍和往常一样身着棉布长衫，戴着金丝眼镜，面对死亡他表现得十分镇定，没有丝毫的恐惧与惊慌。在刽子手举枪向他瞄准的瞬间，他反而仰天大笑，声震寰宇。这笑声，不仅显示出一个革命者视死如归的英雄气概，更是对军阀政府灭亡前虚弱本质的无情嘲笑。邵飘萍被害后的翌日，北京的《世界日报》在头版以"邵飘萍以身殉报"为题刊出了这一噩耗。广大进步群众和新闻工作者得知这一消息后无不痛惜人民失去了一位优秀的新闻工作者，一个以笔为枪向敌冲杀的英勇战士。

‖ 学习延伸 ‖

邵飘萍曾言："余百无一嗜，惟对新闻事业乃有非常趣味，愿终生以之。"回顾其治学生涯，他始终心系国家安危，坚持新闻教育，广泛阅读思考，积极译介马克思主义学说。他用满腔热血唤醒沉睡的国民，值得后人学习与缅怀。

第四节 近代教育家——陶行知

微课

‖ 生平简介 ‖

陶行知（1891年10月18日—1946年7月25日），原名陶文濬，安徽歙县人，毕业于哥伦比亚大学，伟大的人民教育家，思想家，伟大的民主主义战士，爱国者，中国人民救国会和中国民主同盟的主要领导人之一。其一生创办过许多类型的学校，并成立了中国教育学会，后积极投身抗日救亡运动。

▋ 人物概况 ▋

1891 年 10 月 18 日，陶行知生于徽州歙县西乡黄潭源村一个贫寒的教师之家，祖籍浙江绍兴。

1910 年，陶行知入南京金陵大学文学系学习，因信奉王阳明的"知行合一"学说，改名知行。

1914 年夏，陶行知以全校第一名的成绩毕业于金陵大学，后赴美留学。1915 年师从杜威、孟禄等学习教育学。1917 年学成回国，历任南京高等师范学校教授、教务主任，东南大学教育科和教育系主任等职。

1919 年，五四运动兴起，陶行知积极投入反帝爱国斗争，配合新文化运动，提倡教育改革，反对"沿袭陈法"的传统教育和"仪型他国"的洋化教育，提出改"教授法"为"教学法"，并为争取女子受教育权利而大声疾呼。

1923 年，陶行知与朱其慧等发起组织"中华平民教育促进会"，提倡平民教育，编印《平民千字课》，创办了许多平民学校和平民读书处。

1927 年，陶行知在南京郊外创办试验乡村师范学校后改名晓庄学校，开展乡村教育运动，办起了我国第一个乡村幼稚园——南京燕子矶幼稚园，后又办了晓庄、和平门、迈皋桥、新安等幼稚园。

1930 年，晓庄师生为支援南京英国工厂的中国工人的反帝罢工而参加全市学生示威游行，晓庄学校被封，陶行知被通缉，避居上海，不久流亡日本。1931 年秘密回国，任《申报》总管理处顾问，以笔名"不除庭草斋夫"发表文章，猛烈抨击蒋介石"攘外必先安内"的反动政策。

1932 年起，陶行知先后创办了山海工学团、晨更工学团、报童工学团等。首创"小先生制"，开展"即知即传"的普及教育运动。1934 年，创办并主编《生活教育》半月刊；4 月，在沪西女工区创办了我国第一个劳工幼儿团（园）；7 月，因在多年的实践中认识到"行是知之始，知是行之成"的道理，毅然将自己的名字由"知行"改为"行知"。

1935—1937 年，陶行知根据国难当头的实际，积极推行"国难教育"，竭诚拥护中国共产党发表的《为抗日救国告全体同胞书》，即著名的《八一宣言》。

1936年，成立"国难教育社"，拟订《国难教育方案》，提出《国难教育方案》只有一个目的，就是保卫中国领土完整，以争取中华民族之自由平等。

七七事变后，陶行知致力于把"国难教育"转变为"战时教育"运动，提出"战时教育"的目标是"在战时的组织中进行教育，组织民众起来参加战时教育"。

1939年，陶行知在重庆附近的合川县（今重庆市合川区）草街子古圣寺开办育才学校，这是他的又一创举。这所学校的培养目标是："引导学生团结起来做追求真理的小学生；团结起来做自觉人的小先生；团结起来做手脑双挥的小工人；团结起来做反侵略的小战士。"学校开设社会、自然、文学、美术、音乐、戏剧、舞蹈7个组，聘请翦伯赞、贺绿汀、艾青、戴爱莲等名师、专家任教，要求学生全面发展，学习延安大生产运动，自己开荒种地，这所学校很快成为国民党统治区的民主堡垒，蜚声中外。

抗日战争胜利后，陶行知响应中国共产党的号召，奋不顾身地投入反内战、反独裁、争取和平民主的斗争。

1946年1月，陶行知和李公朴、史良等在中共地下组织的领导下和民主人士的支持下，在重庆创办了社会大学。在此期间，他多次组织育才和社会大学师生参加反内战斗争。7月，国民党特务在昆明杀害了李公朴、闻一多，陶行知得知自己已被列入敌特分子黑名单第三名时，临危不惧，大义凛然地说"我等着第三枪"，写下了"战斗即生命，在战斗中我们取得生命的力量，在战斗中我们取得生命的意义，没有力量，没有意义的生命，要它干什么"的誓言，充分表达了陶行知争取民主，反对内战的决心。他日夜投入战斗，不顾自身安危，因"劳累过度，健康过亏，刺激过深"，于1946年7月25日突发脑出血逝世。

‖学习延伸‖

江泽民同志曾在陶行知九十五周年诞辰纪念大会上说："陶行知的一生正值国家多难、民族危急之时。他以'捧着一颗心来，不带半根草去'的赤子之忱，与劳苦大众休戚与共，为中华民族谋取解放，为中国教育探求新路，鞠躬尽瘁，死而后已。他怀着'教育为公''甘当骆驼'的精神，从中国的国情出发，努力发展人民教育，为整个民族的利益来造就人才，作出了永远值得后世纪念的贡献。"科学地概括了陶先生一生忠诚人民教育事业的革命精神。

微课

第五节　爱国企业家——卢作孚

‖ 生平简介 ‖

卢作孚（1893年4月14日—1952年2月8日），原名魁先，别名卢思，重庆市合川区人；中国著名爱国实业家、教育家、社会活动家、农村社会工作先驱。卢作孚幼年家境贫寒，辍学后自学成才，1925年创办的民生公司是中国近现代最大和最有影响的民营企业集团之一。卢作孚跨越了"革命救国""教育救国""实业救国"三大领域，并且在这几个方面都有所成就。

▌人物概况▐

卢作孚 1893 年生于重庆市合川县（今重庆市合川区），自幼家境贫寒，只上过 6 年私塾的他坚持自学，修完了中学的全部课程，后来开办补习学校，讲授中学数学，还出版了《应用数题新解》。

1910 年，17 岁的卢作孚加入同盟会，参与保路运动、辛亥革命等反清救国运动。后来，卢作孚在上海结识了著名教育家黄炎培，卢作孚认为"教育为救国不二之法门"，希望发展教育事业以兴国安邦，致力于国民现代化启蒙教育。

1924 年，卢作孚在成都少城公园里创办了通俗教育馆，内设博物馆、图书馆、体育场、剧院，免费对平民开放，闻名一时。不久，通俗教育馆无以为继。卢作孚痛心疾首，意识到教育必须以实业为依托，才能长久稳定，从此他走上实业救国之路。

1925 年 10 月，卢作孚主持成立了民生公司。当时公司只有七八个人，在合川县城一座破败的药王庙狭窄而昏暗的后殿办公，全部家当只有一艘载重仅 70 吨的小客轮。卢作孚作为民生公司总经理，月薪只有 30 元，其他的人也只有 15 元、10 元不等。依卢作孚的说法，全公司人员的工资加起来还不抵外轮一个大副的工资。面对如此"寒酸"的境况，卢作孚竟为公司制订了让人振聋发聩的宗旨："服务社会，便利人群，开发产业，富强国家。"这 16 字宗旨充分体现了民生公司创业的目的，不是为了发财致富、贪图享受，追求利润最大化，而是为国担责，为民造福。

1937 年，抗日战争全面爆发不久，国民政府任命卢作孚为交通部常务次长。一向无意仕途，对高官厚禄不感兴趣的卢作孚为了国家民族利益没有推诿，而是临危受命，勇挑重担，承担了战时水陆交通运输的艰巨任务。

1938 年 10 月，武汉沦陷，宜昌 10 万多吨的物资与大量人员等待后撤。时任国民政府交通部次长的卢作孚被委以重任，要赶在长江进入枯水期之前将物资与后撤人员运输到西南后方。生死时速的 40 天，卢作孚号召公司船员全力出战，将公司所有船只用于大撤退。面对船只少、物资人员多的情况，卢作孚采取了根据到宜昌时间先后依次购票上船、船票降价、改卧铺为坐票以增加运输人数等种种对策。他还创造了"三段航行法"，将航线分为"宜昌—三斗坪""三斗坪—万县""万县—重庆"三段，根据运送物资的重量、不同地段的水位、流速、地形分段运输，最大限度地利用了有限的运力。面对日军飞机的狂轰滥炸，为了按时完成抢运重任，卢作孚带领民生实业公司创造性地开通了川江夜航。

卢作孚不避艰险，冒着敌机的狂轰滥炸，亲临现场指挥。民生公司22艘轮船加上另两艘其他公司的船，共24艘轮船开始了有条不紊的紧急抢运，不停地往返于宜昌和上游各港口之间，白天航行，夜间装卸。经过紧张抢运，集中于宜昌的10万吨物资和滞留宜昌市的三万机关公务人员及其家属、老师、学生等全部被转移到重庆、万县、巴东等地。多年后，很多人回忆起这段经历，都感慨不已。卢作孚的好友晏阳初将此举称为"中国实业上的敦刻尔克"。

据统计，民生实业公司出动22艘船，损失了16艘，职工伤亡高达177人。宜昌大撤退抢运的工业机器设备，每月可造出手榴弹30万枚，迫击炮弹7万枚，飞机炸弹6000枚，十字镐20多万把。大批现代化工厂得以在长江上游建立，对抗战发挥了至关重要的作用。天下兴亡，匹夫有责。卢作孚和民生实业公司不怕牺牲，为国家和民族开辟了一条水上"生命通道"。

1949年，避居香港的卢作孚谢绝了国民党政府让他去台湾的邀请，毅然将民生公司在香港的船队带回内地。中华人民共和国成立后，卢作孚将民生公司交给国家，率先实行公私合营。

卢作孚于1952年2月8日在重庆辞世，终年59岁。

‖ 学习延伸 ‖

卢作孚出身寒门，从小过着穷苦的生活，又生长在兵荒马乱、贫穷落后、列强欺凌的年代。严酷的现实，使他产生了强烈的救亡图存、富国强国、为民造福、为国担当的愿望和决心。可以说，爱国精神是卢作孚一生的主旋律。卢作孚的榜样力量、典范形象，将历久弥新地发挥着更加磅礴的力量。

第六节　中国近代美学之父——徐悲鸿

微课

‖ 生平简介 ‖

　　徐悲鸿（1895 年 7 月 19 日—1953 年 9 月 26 日），原名徐寿康，江苏宜兴市屺亭镇人，毕业于巴黎国立美术学校，中国现代画家、美术教育家，中国公费留学美术第一人，曾任中央美术学院院长，被誉为"中国现代画圣""现代中国绘画之父""中国近代绘画之父"。

‖ 人物概况 ‖

　　徐悲鸿出生在屺亭桥镇的一个平民家庭，原名寿康，年长后改名为"悲鸿"。父亲徐达章是私塾先生，能诗文，善书法，自学绘画，常应乡人之邀作画，谋取薄利以补家用。母亲鲁氏是位淳朴的劳动妇女。

徐悲鸿 9 岁开始习书法、练绘画，13 岁便和父亲开始了流浪江湖的卖画生涯。父亲去世后，他独自一人去上海闯荡。

1917 年 12 月，徐悲鸿来到北京，1918 年 3 月，经朋友引荐见到了时任北京大学校长蔡元培。因徐悲鸿中西画艺兼备，得到蔡元培赏识，被聘为北大画法研究会导师，时年 23 岁的徐悲鸿成为中国最年轻的高等学府导师。

1919 年 3 月，徐悲鸿得到友人帮助，赴英考察之后到巴黎求学。徐悲鸿于 1927 年 4 月学成回国，开始在国内投身于美术教育工作，发展自己的艺术事业。他参与了田汉、欧阳予倩组织的"南国社"，积极倡导"求美、求善之前先得求真"的"南国精神"。他陆续创作出取材于历史或古代寓言的大幅绘画，这些画作借古喻今，观者从中能够强烈地感受到画家热爱祖国和人民的真挚之情。

1931 年，日军侵华加剧，民族危亡之际，徐悲鸿创作了希望国家重视和招纳人才的国画《九方皋》；1933 年，创作了油画《徯我后》，表达苦难民众对贤君的渴望之情；1939 年，创作《珍妮小姐画像》，为徐悲鸿著名的油画人物肖像之一，为支持国内抗战而作；1940 年，完成了国画《愚公移山》，赞誉中国民众坚忍不拔的毅力和夺取抗日战争最后胜利的顽强意志。徐悲鸿的创作题材涉猎神话、人物、历史、花鸟、山水、走兽等，非常广泛，落笔有神，充满生机与力量，表现出顽强抗争、追求光明的民族精神。徐悲鸿以画马著称，尤其所画的奔马更是驰誉世界，成为"现代中国画"的"标志"和"象征"。

战争期间，无数翰墨精品或流失海外，或毁于硝烟战火中，徐悲鸿对此痛心疾首，因此，他一有机会，便不惜高价，倾囊所出。他一共收藏了 1200 幅历代绘画作品，包括唐、宋、元、明、清及近代名家代表作。徐悲鸿不但将毕生倾囊收藏的艺术珍品无偿捐赠给国家，更积极去国外筹办赈画展，支持抗日，为我们树立了一个心怀祖国、铮铮傲骨的楷模。抗日战争全面爆发后，徐悲鸿在新加坡、印度和马来西亚的吉隆坡、槟榔屿、怡保等地举行画展，并将卖画收入悉数捐献给国家，用作抗日烈士的抚恤金。

中华人民共和国成立后，徐悲鸿在担任政务、行政工作的同时，仍笔耕不辍地进行创作，满腔热情地描绘新中国建设中的新人、新事、新面貌。他为战斗英雄画像，到山东导沭整沂水利工程工地体验生活，为劳模、民工画像，搜集一点一滴反映新中国建设的素材。

1951 年 7 月，徐悲鸿身患中风，整整有一年以上的时间完全躺在病床上，高血压也一直折磨着他，各种各样的医疗手段效果甚微。他常给志愿军战士写慰问信和诗歌，并画宣传画，寄往朝鲜前线。1952 年夏，徐悲鸿接到志愿军战士的来信，请求他画一幅《八骏图》，因身体极度虚弱，虽多次提笔作画，终未完成，遂改为画单幅《奔马》，拟凑成八幅。1953 年 6 月 6 日，为志愿军战士寄《奔马》一幅，并附信函。9 月 23 日，担任第二次文代会执行主席，脑出血症复发。9 月 26 日晨，逝世于北京。

‖ 学习延伸 ‖

徐悲鸿将崇高的精神、强烈的民族情感、鲜明的政治立场与个人道德品质、文化修养和艺术精神等有机地融为一体，思想上彰显民族精神，艺术中有"悲天悯人"之情怀，创作中有"威武不屈"之志，表现出高屋建瓴之傲骨和气魄，使作品焕发出巨大的生命力和感染力，值得后人永远铭记。

第七节　中国首位女建筑学家——林徽因

‖ 生平简介 ‖

林徽因（1904 年 6 月 10 日—1955 年 4 月 1 日），原名林徽音，出生于浙江杭州，毕业于美国宾夕法尼亚大学，获建筑学学士学位，中国近现代杰出的建筑师、诗人、作家，人民英雄纪念碑设计领导小组成员，梁思成妻子。

林徽因是中华人民共和国国徽主要设计者，主要文学作品有《你是人间四月天》《九十九度中》等。1955 年 4 月 1 日，林徽因逝世，享年 51 岁。

┃ 人物概况 ┃

1904 年 6 月，林徽因出生于浙江杭州，随祖父母居住；5 岁，由大姑母林泽民授课发蒙；8 岁，移居上海，入虹口爱国小学学习。

1916 年，林徽因因父在北洋政府任职，举家迁往北京，就读于英国教会办的北京培华女中。

1920 年 4 月，林徽因随父游历欧洲，在伦敦受到房东女建筑师影响，立下了攻读建筑学的志向。在此期间，她还结识了父亲的弟子诗人徐志摩，对新诗产生浓厚兴趣。1921 年，林徽因随父回国，仍到培华女中续学。

1923 年，徐志摩、胡适等人在北京成立新月社，林徽因常常参加新月社举办的文艺活动，曾登台演出印度诗人泰戈尔的诗剧《齐德拉》，饰演主角齐德拉公主，台词全用英语。她流利的英语和俊秀的扮相，在文艺界留下深刻印象。

1924 年 9 月，林徽因和梁思成（梁启超长子）一起进入美国宾夕法尼亚大学美术学院学习。梁思成在美术学院建筑系，因建筑系不收女生，林徽因即注册在美术系，但是她仍选修了建筑系的主要课程，实现了自己的志愿。

1928 年 8 月，林徽因与丈夫梁思成一同回国，一起受聘于东北大学建筑系。1930 年，林徽因患肺病不得不离开教学岗位，从沈阳回到北京就医。在这因病得闲的日子里，她提笔写作，开始了她的作家生涯。1936 年，平津各大学及文化界发表《平津文化界对时局宣言》，向国民政府提出抗日救亡的八项要求，林徽因是文艺界的发起人之一。

1937 年夏，林徽因在山西五台山地区发现中国最古老的一座木结构建筑——建于唐代的佛光寺大殿。正当她要进行深入研究时，"七七事变"爆发，她被迫中断野外调查工作，不久，北平沦陷，全家辗转逃难到昆明。次年，她为云南大学设计了具有民族风格的女生宿舍。在病榻上，她通读了"二十四史"中有关建筑的部分，为写《中国建筑史》搜集资料，经常工作到深夜。在重病中也写下不少悼亡诗，虽不免带着感伤的调子，但她能以国家民族利益为重，正确地指出她的亲人为国捐躯的价值，表现出诗人热爱祖国的情感。

抗日战争结束后，林徽因也回到了阔别八年的北京，1951 年，47 岁的林徽因为挽救濒于停业的景泰蓝传统工艺，抱病与高庄、莫宗江、常莎娜、钱美华、孙君莲深入工厂做调查研究，并设计了一批具有民族风格的新颖图案，为"亚洲及太平洋区域和平会议""苏联文化代表团"献上一批礼品，深受与会人员欢迎。

1952 年，在人民英雄纪念碑的建筑工程中，林徽因以自己丰富的雕饰史知识和对人民英雄不朽业绩的景仰之情，精心为纪念碑的碑座设计了图案。她选择象征繁荣富强的牡丹花，洁白不染的荷花与坚贞不败的菊花等传统花卉作为碑座的纹饰，使矗立于天安门广场上的人民英雄纪念碑显得格外庄严瑰丽、伟岸壮美。后来她和同事们还接受了设计国徽图案的光荣任务。

1952 年 5 月，为迎接即将到来的建设高潮，林徽因、梁思成翻译了《苏联卫国战争被毁地区之重建》一书，并由上海龙门书局印行，为国家建设提供了借鉴。应《新观察》杂志之约，撰写了《中山堂》《北海公园》《天坛》《颐和园》《雍和宫》《故宫》等一组介绍中国古建筑的文章。

1955 年 4 月 1 日 6 时 20 分，林徽因病逝于同仁医院，享年 51 岁。

▍▍学习延伸▍▍

林徽因的一生，几乎有一半光阴是在病榻上度过的。然而她却奋力工作，在中国建筑史学和中国现代文学领域中都做出了出色的贡献。2006 年，林徽因纪念碑落户杭州市花港观鱼公园，因林徽因诞生并成长于杭州，而功成名就于清华，故纪念碑由杭州市人民政府和清华大学建筑学院共同建造。纪念碑的建成使素有人间天堂之称的杭州又平添一处胜景，也使杭州人民有了一处追念、凭吊这位一代才女之地。

第八节　中国奥运第一人——刘长春

▍▍生平简介▍▍

刘长春（1909 年 11 月 25 日—1983 年 3 月 25 日），男，汉族，辽宁省大连市人，前中国职业男子短跑运动员。刘长春是中国第一位走向世界体坛的人，1932 年 8 月，他独身一人参加了洛杉矶奥运会，其短跑奇才，国人皆知。除了体育天赋，刘长春还懂得民族独立的重要性与民族气节的可贵，他最终代表中国，走向世界。

人物概况

一、早年经历

1909 年 11 月 25 日，刘长春出生于辽宁大连河口。由于家境贫穷，刘长春 10 岁才入小学读书。学校离家 10 余里路，为了节省鞋子，刘长春一出家门便把鞋脱掉，赤脚跑步上学。在小学时，刘长春便以 100 米 11 秒 8 和 400 米 59 秒的成绩打破了大连市小学生中、短跑纪录。

1927 年，在由"中华青年会"主办的春季运动会上，刘长春的百米成绩已提高至 11 秒。同年，东北大学足球队前往大连比赛。此时，刘长春已因家庭生活困难而辍学，在大连玻璃制品厂做学徒。在一个偶然的机会，被东北大学体育部部长孙庆博发现，经其引荐，刘长春前往沈阳，入东北大学预科读书，并获得免费供给食宿的待遇。

1929 年，刘长春正式进入东北大学读书。

二、参赛生涯

1929 年 10 月 20 日，刘长春参加了由东北大学校长张学良亲自倡导组织的中日德三国运动会，在这次运动会上，刘长春和德国、日本的短跑名将一起进入 100 米决赛，刘长春与德国名将彦鲁特拉比尔并肩冲在最前面，将另外两名日本选手甩到后面，冲刺的一刹那，两人几乎同时撞线，最后，刘长春由于技术失误屈居亚军。

1930 年，杭州举行的第四届全国运动会上，刘长春勇夺男子 100 米、200 米、400 米短跑三个单项冠军，骄人的成绩使东道主杭州市政当局特将一条街道命名为"长春路"。正在事业鼎盛时期的刘长春，一切随着东北局势的改变而停止了。

1931 年 9 月 18 日深夜，日本关东军经过精心策划，发动了震惊中外的九一八事变，攻占沈阳，占领整个东三省。为了巩固新占领的土地，日本人想让世界承认伪满洲国，参加奥运会也是其手段之一。他们将刘长春选定为奥运选手，并在当地报纸上连续多天刊登相关消息，并派人到刘长春家里威逼利诱刘长春答应他们的条件。

1932 年 5 月，刘长春在《大公报》上庄严发表声明："我是中国人，绝不代表伪满洲国出席第十届奥林匹克运动会……"这则声明不仅彻底揭露了日伪当局阴谋，给了其当头一棒，也极大鼓舞了全国人民，体现了刘长春中华男儿的热血丹心。

1932 年 7 月 1 日，东北大学校长张学良在毕业典礼上宣布，刘长春将代表中国远征第十届洛杉矶奥运会。为出征奥运，张学良亲自捐款 8000 块银圆作奥运经费，中国体育界积极行动起来，以各种方式与国家体育机构和国际奥委会取得联系，以最短的时间为刘长春办完各种相关手续。

1932 年 7 月 2 日，刘长春和随行教练宋君复秘密前往上海。刘长春的到来，在上海引起巨大轰动，7 月 8 日，在两千多人的欢送声中，他终于登上了前往美国的威尔逊总统号邮轮，去完成中国首次奥运征程。

邮轮经过神户时，有日本记者上船采访，询问刘长春是否代表"满洲国"参加奥运会，刘长春立即回答说："我是中国人，当然代表大中华民国。"不久邮轮邮报员送来一封电报，是日本体协致"满洲国"参加奥运会代表选手一路顺风大获胜利的电文，刘长春生气地回答："船上只有中华民国的代表，没有'满洲国'的代表"。并将电报退还。

经过 21 天海上行程，邮轮在 7 月 29 日抵达洛杉矶，受到筹备会人员及侨胞热烈欢迎。筹备会人员以警车开道，在华侨的簇拥下，刘长春乘坐轿车前往早已成为欢乐海洋的唐人街。一路上鞭炮锣鼓与人群的欢呼声此起彼伏，刘长春此刻沉浸在对华侨的热情和作为中国人的感动之中。

1932 年 7 月 30 日 14 时 30 分，第 10 届洛杉矶奥运会正式开幕。首次参加奥运会的中国代表队，排在第 8 位上场。在宏伟的运动场上，这支由 6 人临时拼凑的代表队，越发显得渺小，刘长春擎旗走在前列；中国总代表沈嗣良、宋君复紧随其后；其次为留美人士代表刘雪松、申国权、士托平。

刘长春在经过 3 个星期海上漂浮，体力早已大受影响，因此原来报名 3 个项目，他只参加了 100 米、200 米短跑，400 米则因体力不支，没有出场比赛。参加的两个项目，都在分组中位列最后一名，未能晋级。

1933 年在第 5 届全国运动会上，刘长春以 10.7 秒和 22.0 秒的成绩再创 100米、200 米短跑两项全国纪录，夺得冠军。其中 10.7 秒的 100 米纪录保持长达25 年之久，直到 1958 年才被新中国运动员梁建勋打破。

1936 年，刘长春第二次代表中国参加第 11 届奥运会，同样由于 28 天的海浪颠簸，体力消耗较大，而未能取得好的成绩。

三、英姿永存

1937 年，刘长春的腿部再次拉伤。落后的医疗条件使其未能复原，他被迫终结了自己的竞赛生涯。

此后十余年，穷困潦倒的他四处漂泊。直到 1949 年新中国诞生，他才得以凭借体育教师的身份返回体育场。此后，他一直在故乡大连任教。

1979 年 11 月，中国恢复了在国际奥委会的席位。刘长春曾担任中国奥委会副主席、中华全国总工会副主席等职。

1983 年 3 月 25 日，刘长春因病辞世，享年 73 岁。

一年零四个月后，中国重返奥运会。1984 年 7 月 29 日，洛杉矶，射击运动员许海峰夺得中国人在奥运历史上的第一枚金牌。这是怎样的巧合啊！52 年前，也是 7 月 29 日，也是在洛杉矶，一个中国人代表这个民族，第一次站在了奥林匹克的五环旗下。

‖ 学习延伸 ‖

在代表中国出席奥运会 70 余年后，"中国奥运第一人"刘长春在母校东北大学有了永恒的英姿。2010 年 8 月，一座以刘长春命名的体育馆正式落成，在体育馆外，矗立着一座总高 4.6 米的刘长春人物塑像。

刘长春拉开了中国冲击奥运的历史序幕，展现了一个民族不甘落后、不甘屈辱、追赶世界的坚强意志。

第五章

探寻新路　艰苦卓绝的新中国史

第一节 烈火中的精神丰碑——邱少云

‖ 生平简介 ‖

邱少云（1926年7月12日—1952年10月12日），汉族，今重庆市铜梁区人，中共党员；中国人民志愿军第十五军二十九师八十七团三营九连战士；1949年参加中国人民解放军；1951年参加中国人民志愿军。1952年，壮烈牺牲，年仅26岁。所在部队追认他为中国共产党党员，追授"模范青年团员"称号，中国人民志愿军给他追记特等功，追授"一级英雄"称号。朝鲜民主主义人民共和国追授他英雄称号和金星奖章、一级国旗勋章。

‖ 人物概况 ‖

邱少云，1926年7月12日，出生于重庆市铜梁区少云镇玉屏村邱家沟（原四川省铜梁县关溅乡玉屏村）一个佃农家庭，全家 6 口人，只有一间家徒四壁的破茅屋。

邱少云 9 岁那年，靠帮人推船为生的父亲被船老板砍死在船上，几年后，母亲因贫病交加也离开了人世。抚养两个年幼的弟弟邱少全、邱少华的责任就落在了年仅 13 岁的孤苦无依的邱少云身上。苦难的童年生活、悲惨的家庭遭遇，在邱少云幼小的心灵里深深埋下了对为富不仁的地主仇恨的种子。

1949 年 11 月，中国人民解放军刘邓大军挥师入川，席卷大西南。邱少云参加了中国人民解放军，成了一名光荣的人民解放军战士。

1950 年 2 月，邱少云所在部队奉命到四川内江地区驻扎，一边休整，一边训练。他的训练成绩提高很快，无论是投弹还是射击，都名列全连前茅。

1951 年 3 月 28 日，邱少云随十五军二十九师八十七团开拔，昼夜兼程，奔赴朝鲜。

经过几日强行军，部队终于到达目的地。刚刚在一个小山村安顿下来休整，就有几架敌机飞到村子上空，投下了不少炸弹、汽油弹。顿时，村庄里卷起浓黑的硝烟，沙土、石块蹦起很高，炸裂的弹片四处乱飞，整个村庄完全被硝烟笼罩。

"快！抢救朝鲜老乡！"朱连长大喊一声便冲进了火海。

邱少云看到村中间的一座草屋烧得很厉害，屋顶上的草眼看就要烧完了，大火开始烧向门窗。他便穿过飞溅着火球的土公路跑过去救火。他猛听到屋子里有孩子的哭声，便不顾一切地向屋子里扑去。他刚跨进门槛，一股烈焰迎面扑来，呛得他喘不过气来，嗓子里又苦又辣又痒。他强忍住咳嗽，不顾烈焰的燎烤，在地上摸找。突然，他发现一个妇女倒在血泊中，身边有一个小男孩在哭叫着。他迅速抱起小男孩冲出屋子，把小男孩放在一个防空洞里，又飞快地跑回去，准备背那个被炸伤的妇女。

这时，大火已经把门封住了，窗格子被烈火烧得一块块地往下掉落。只听"哗啦"一声，燃烧的木檩掉下来砸在邱少云的头上。他只觉得眼前一黑，便什么也不知道了。

傍晚，被战友们救出来的邱少云醒了过来，他问围着他的战友，"大火扑灭了吗？"大家告诉他大火早灭了！那个朝鲜小男孩已送到村委会去了。

1952 年 10 月 3 日，中国人民志愿军总部下达了第五次战役第二次反击作战的命令。邱少云所在的二十九师步兵八十七团，奉军长秦基伟的命令，配合向守志任师长的四十四师，担负攻击金化以西美军为首的联合国军前哨阵地 391 高地，消灭盘踞在平康和金化之间的半山腰美韩匪军一个加强营，把战线向南推进。然而，从八十七团的阵地到 391 高地之间，有着 3000 米宽的开阔地，是敌人的炮火封锁区。要在这样长距离的炮火下冲击，确实是件不容易的事情。为了避免在这片开阔地上遭到重大杀伤，那就必须缩短冲击距离，唯有前出潜伏、缩短攻击距离，方能减少伤亡，出奇制胜，打敌人于措手不及。第四十四师师长向守志与第二十九师师长张显扬共同研究决定，在发起总攻击前一天的夜里，把八十七团突击队潜伏在敌人阵地的前沿。

1952 年 10 月 11 日傍晚，绚丽的晚霞映红了半边天，全副武装的执行潜伏战斗任务的指战员集结山蔓地区。师长张显扬亲自带工作组来到集结出发地，检查战士们着装，嘱咐大家要把裤腿扎紧，以免小虫往里钻，要求大家严守纪律，坚决打好这一仗。

夜里 11 时，潜伏突击队出发，从敌人阵地前沿直插过去。经过 20 余千米的行军，部队悄悄地越过 3000 米的缓冲区，于凌晨 1 点钟到达预定的潜伏区。各连首长按照预先分配好的地段，带着自己连的战士开始根据地形实施潜伏。指战员们皆信心百倍，只要熬过漫长的白天，天黑就能给守敌致命一击。

1952 年 10 月 12 日拂晓，浓雾沉积在 391 高地的山岭峡谷，570 多名志愿军战士成线网状密布在 391 高地前深深的草丛里。九连潜伏地段在 391 高地的东边，已潜伏到距敌 500 余米处，而邱少云和他所在的三班，潜伏在距敌人阵地只有 60 多米的一条杂草丛生的土坎边。战士们都竭力趁雾未散之际，想方设法将自己隐藏得隐蔽一些。

时间一分一秒地在流逝。中午 11 时许，一架敌机忽然飞临潜伏区上空，扔下几枚燃烧弹，其中一发落在邱少云潜伏点附近。随着剧烈的爆炸声响过，飞迸着带油液的火星溅到了他的左腿上，伪装网立即燃烧起来，火势迅速蔓延到他身上，燃着了棉衣。这时，他只要翻一个身，就地一滚，就可以把火压灭，但他没有这样做。

邱少云轻轻扭头，身后一米处就是一条水沟，只要滚到泥水里火就会立即熄灭。可是，他身边的枯草已经被烧光了，周围没有任何遮掩的东西。他悄悄看了看正前方，敌人的说话声都清晰可闻。他知道，山上的敌人正在观察这片燃烧的草地，只要他一滚动，敌人就会发觉，那身边 570 多名战友的命运将不堪设想，可能一个也回去不了。

为了不暴露全体潜伏人员，邱少云就这样严守纪律，放弃自救，坚决地趴在地上咬紧牙关，一动不动，一声不吭，任凭烈火烧焦头发和皮肉，以超人的毅力，忍受着无法忍受的剧痛。他的身子在剧烈地抽搐，双手深深地插进了黝黑的泥土，身体紧紧地贴着地面，直到被烧得昏迷过去，失去了知觉。

烈火在邱少云身上无情地燃烧着，整整烧了 30 多分钟，他像一块千斤巨石伏在地上纹丝不动，直至壮烈牺牲。战友们眼睁睁地看着他从一个活生生的人变成一具焦体。

下午 5 时 40 分，一颗红色的信号弹腾空而起。天空中骤然响起了剧烈的轰鸣声和呼啸声，中国人民志愿军的大炮开始向敌军怒吼了！无数的炮弹，呼啸着飞向敌人阵地，391 高地霎时间天崩地裂，腾起冲天的烈焰。轰击的炮火一停，冲锋号一响，在那火焰烧过的草丛中，570 多名志愿军战士同时跃起，如同猛虎下山，高呼着震耳欲聋的"为邱少云同志报仇！"的口号，扑向敌人阵地。

仅仅用了 20 多分钟，敌人就被全歼，中国人民志愿军的战旗在 391 高地上空飘扬。接着，这群满腔愤怒的志愿军战士又打退了敌军 7 个营的反扑，共歼敌 2700 余人。

战斗结束后，战士们来到邱少云牺牲的地方，只见邱少云的遗体焦缩成一团紧贴在大地上,他的面目已无法认清,全身被烧得如同黑炭,唯一没有烧尽的,是那双深深插进泥土的双手。邱少云的军衣及胶鞋几乎全都被烧光,留在世上的只有烧得仅剩巴掌大的一块军衣残片,它在无声地诉说着人民军队的钢铁战士在战场上是何等坚强。

为了表彰邱少云崇高的集体主义精神和顽强的革命意志,1953年6月1日,中国人民志愿军领导机关给邱少云记特等功,并授予他"中国人民志愿军一级英雄"光荣称号,追认他为中国共产党党员,授予"模范青年团员"的称号。

1953年6月25日,朝鲜民主主义人民共和国最高人民议会常务委员会发布命令:追赠邱少云"朝鲜民主主义人民共和国英雄"的光荣称号,授予金星奖章和一级国旗勋章各一枚,并将邱少云的名字刻在金化西面的391高地石壁上:"为整体、为胜利而牺牲的伟大的战士邱少云同志永垂不朽。"

▮▮ 学习延伸 ▮▮

在人民军队战斗史上,邱少云是个特殊的英雄。他没有发射一枪一弹,没有消灭一个敌人,没有炸毁一座碉堡,但他以人类罕见的意志力,突破了人体承受的痛苦极限,战胜烈火考验,用燃烧的生命照亮了战友通往胜利的道路,真正做到"除了胜利一无所求、为了胜利一无所惜",奏响了"烈火中永生"的时代最强音!

多年来,邱少云生前所在部队一直以"邱少云精神"为榜样,激励官兵不怕牺牲、英勇战斗,奋战在反恐维稳、抗震救灾、国际维和的第一线。

同学们,我们应该学习邱少云的精神品质和价值观,为实现中华民族伟大复兴的中国梦贡献自己的力量。同时,我们也应该铭记历史、缅怀先烈,让他们的英勇事迹激励着我们不断前行!

微课

第二节 "两弹一星"之父——邓稼先

‖ 生平简介 ‖

邓稼先（1924年6月25日—1986年7月29日），出生于安徽怀宁，中国共产党党员，九三学社社员，核物理学家，中国科学院学部委员（院士）。邓稼先生前是核工业部科技委员会副主任，中华人民共和国国防科学技术工业委员会（今工业和信息化部）科技委员会副主任。

邓稼先1941年考入西南联合大学物理系；1945年从西南联合大学毕业，先后任教于昆明市文正中学、培文中学；1946年任北京大学物理系助教；1948年10月赴美国普渡大学物理系学习深造，毕业后获得物理学博士学位；1950年10月任中国科学院近代物理研究所助理研究员；1952年任中国科学院近代物理研究所副研究员；1954—1958年任中国科学院数理化学部副学术秘书；

1958 年起历任第二机械工业部第九研究院理论部主任，九院 901 所副所长、所长，核工业部九院副院长、院长，核工业部科技委员会副主任，中华人民共和国国防科学技术工业委员会科技委员会副主任；1972 年任核武器研究院副院长；1979 年任核武器研究院院长；1980 年当选为中国科学院学部委员（院士）；1986 年 7 月 29 日在北京逝世，享年 62 岁；1999 年被追授"两弹一星功勋奖章"。

▌人物概况▐

1924 年 6 月 25 日，在安徽怀宁邓家"铁砚山房"，一个男孩出生了。男孩的父亲邓以蛰，被誉为中国现代美学的奠基人，是与著名美学家宗白华共享"南宗北邓"之美誉的"北邓"。

邓以蛰为儿子取名"稼先"，期盼着这位邓家后代根植于中华大地，并且早早地秀实和成熟，成为造福民众的沧海之一粟。

邓稼先从小就受到了良好的家庭教育。他自小就热爱学习，善于思考，对于科学和技术的兴趣日益浓厚。在成长的过程中，他对中国的历史和文化有了深刻的认识，同时也对中国的未来充满了希望。

邓稼先于 1935 年考入志成中学，在读书求学期间，深受爱国救亡运动的影响。1937 年北平沦陷后，他曾秘密参加抗日聚会。后在父亲邓以蛰的安排下，他随大姐去往昆明，并于 1941 年考入西南联合大学物理系。

在抗日救亡的呼喊中成长起来的邓稼先，高唱着"千秋耻，终当雪，中兴业，须人杰"的西南联大校歌走上科学之路。为了实现科技强国的夙愿，他将个人的事业与民族兴亡紧密相连。

1948 年 10 月，他考入普渡大学研究生院，勤奋好学，不到两年便读满了学分，获得物理学博士学位。毕业当年，他就毅然回国，投入中国核物理的理论研究工作。1958 年，中央决定，依靠自己的力量发展原子弹，邓稼先被委以重任。他以满腔热忱投入工作，并迅速成长起来。

1956 年，他加入中国共产党。

1962 年 9 月，随着中国第一颗原子弹理论设计方案形成，一切将转向实战。

1963 年，邓稼先和一大批中国科学家一起，义无反顾地奔向了青海金银滩——这个地方随即从中国的地图上神秘消失了。在无法通信的那些岁月里，妻子许鹿希并不知道邓稼先的生活环境有多艰苦。

"为了它，死也值得。"邓稼先从此挑起了中国原子弹理论研究的重任，并开始了隐姓埋名的生活。此后几年间，他带领科学家们和工程技术人员克服了常人难以想象的困难。

在 3000 多米的戈壁滩上，馒头一捏就是死疙瘩，米饭像沙子一样根本煮不熟，荒无人烟，连一棵树都种不活。而就在这样的环境中，邓稼先和千千万万名同事一起，夜以继日，忘乎生死地工作着。他们把"发奋图强"改了一个字，叫"发愤图强"。

1964 年 10 月，离计划设定的试爆时间越来越近。在戈壁滩的基地上，每一名工作人员的神经都绷到了最紧，而作为方案的主要设计人，邓稼先的压力更是大到了极点。每一次实验，他都要面临无数人的提问和征询："怎么样？""有把握吗？""还存在什么风险？

而最紧张的，是每次都要向周恩来总理当面汇报实验结果。越到临近正式实验，邓稼先的压力就越大，在向周恩来总理汇报的时候，他的双手都会忍不住发抖。

后来，在国家 32 次核试验中，邓稼先在现场亲自主持了 15 次。凡是他做出的重大决策无一失误，因而被同事们称为"福将"。

其实，在"福将"的背后，堆积了许多常人无法体会的压力和辛劳。邓稼先曾开玩笑说："核试验起爆之前，技术负责人要签字负责，每次签字以后，就把脑袋别在裤腰带上了。"

1979 年，中国做了一次氢弹的空投试验，但是降落伞发生故障，氢弹直接摔在了地上，没有爆炸。

基地立刻派出了 100 多名防化兵去寻找，终于找到了残骸——弹体都已经碎裂了。邓稼先坐不住了，他不顾个人安危，穿上防护服立刻赶往爆炸核心区，并且直接进入了弹坑，仔细研究了原因，最终确认是因为降落伞包设计发生了问题。

虽然穿了防化服，但后来的检查结果显示：邓稼先的小便中带有放射性物质，肝脏破损，骨髓里也侵入了放射物。

虽然身体每况愈下，但邓稼先始终坚持在第一线。别人让他休养，他却认为是"浪费时间"。很多场实验，不拿到最后结果坚决不走。当时邓稼先预感到，已经掌握实验室模拟核爆炸能力的美国和苏联，很快就会宣布全面停止核试验，以此限制中国核试验——中国尚没有这样的实验室能力。所以他一直在强调："时间不多了！要抓紧！要抓紧啊！"

1984 年，中国第二代核武器终于实验成功。邓稼先在兴奋之余，却也感觉到自己的身体撑不住了。那一年有一次开会，当着全体参会者的面，邓稼先说了一句："我现在是强弩之末了。" 1985 年，还想坚持工作的邓稼先被"勒令"送进医院，检查的结果，是"直肠癌"。

邓稼先住院 363 天，动了 3 次手术，一直疼痛不止。

1986 年 4 月，邓稼先的病情已经非常严重，但占据邓稼先脑海的仍然是中国的核事业。他强忍病痛，和核物理学家于敏一起合作完成了对中国核武器工程未来规划的《中国核武器发展规划建议书》，赶在全面禁止核试验之前，使中国的核武器发展达到了实验室模拟水平。

在《中国核武器发展规划建议书》上交之后，"邓稼先"这个隐姓埋名 28 年的名字，也终于开始解密。世人通过媒体的报道，终于知道中国的核武器发展背后，有过这样的一个人。

同年的 7 月 29 日，积劳成疾的邓稼先被癌症夺去生命。他在临终前留下了三句话。

第一句是对妻子说的："苦了你了。"

第二句是对自己说的："永不后悔，死而无憾。"

第三句是对后人的嘱托："不要让人家把我们落得太远……"

‖学习延伸‖

工作多年，邓稼先隐姓埋名，没有公开发表过一篇论文，除了组织，没有人知道他的工作地点、工作内容，他把自己的一切都奉献给了国家。邓稼先用自己的一生，实践着科技强国的抱负和梦想，他是当之无愧的中国新一代优秀知识分子的光辉榜样。

邓稼先以满腔的爱国热情，为建立和发展中国的核武器事业，增强国防力量，打破超级大国的核垄断，维护世界和平而呕心沥血，默默无闻地忘我奋斗数十年，无私地奉献了大半生的精力，是新中国科技工作者的楷模。他的不朽英名，将永远闪耀在历史的天空；他的卓越功勋，将永远铭记在人民心中；他的崇高品德，将永远激励我们不懈奋斗。

一个国家的强大，离不开科技的支撑。我们应该像邓稼先一样，热爱科学，追求真理，为国家的科技进步和繁荣发展贡献自己的力量，为实现中华民族伟大复兴而努力奋斗！

微课

第三节　人民公仆的楷模——焦裕禄

‖生平简介‖

焦裕禄（1922年8月16日—1964年5月14日），男，汉族，山东淄博博山县（今博山区）北崮山村人，原兰考县委书记，干部楷模，革命烈士。在兰考担任县委书记时所表现出来的"亲民爱民、艰苦奋斗、科学求实、迎难而上、无私奉献"的精神，被后人称为"焦裕禄精神"。

1922 年 8 月 16 日，焦裕禄出生在一个贫苦家庭；1946 年，加入了中国共产党；1950 年，被任命为尉氏县大营区委副书记兼区长；1954 年 8 月，相继在哈尔滨工业大学、大连起重机厂机械加工车间进修；1962 年，被调到河南省兰考县担任县委书记；1964 年 5 月 14 日因肝癌病逝于郑州，终年 42 岁。

2009 年 9 月 10 日，在中央宣传部、中央组织部等 11 个部门联合组织的评选活动中，焦裕禄被评为"100 位新中国成立以来感动中国人物"。2019 年 9 月 25 日，焦裕禄获"最美奋斗者"个人称号。

▌▌人物概况 ▌▌

1922 年 8 月 16 日，焦裕禄出生在山东博山县北崮山村一户贫苦农民的家里，青少年时代受尽了苦难的煎熬。

7 岁上学，学习刻苦认真，考试成绩总在前几名。1932 年，家乡遭遇灾荒，家境十分贫困，11 岁的焦裕禄被迫退学，跟随穷乡亲推着独轮小车，运煤卖煤。

焦裕禄十几岁时，日本鬼子侵占了山东博山。为了一家人的生活，他被迫到黑山煤窑当小工。每天要干十几个小时的重活，得到的仅仅是一点橡子面，别说是养家糊口，连自己的肚子也填不饱。

焦裕禄的父亲因无钱还债，被地主活活逼死。眼泪未干，焦裕禄又被日本鬼子抓到抚顺的一个煤窑做苦工。在日本鬼子、汉奸的刺刀威逼下，他每天在煤窑里干十五个小时以上的苦工，和焦裕禄同志住在一个工棚的二十三个人中，两三个月里，就有十七人被折磨死去。他不忍受日寇的非人折磨，和工友一道同敌人进行了不屈不挠的斗争，冒着生命危险逃出了虎口。

1945 年，毛主席领导全国人民取得了抗日战争的伟大胜利。焦裕禄的家乡解放了。他怀着激动的心情，抱着要翻身、求解放的强烈愿望回到了家乡。焦裕禄这个苦水里生苦水里长的青年农民，找到了党组织，参加了民兵队伍。

1948 年冬，淮海战役打响了，隆隆的炮声敲响了国民党反动统治的丧钟。火线上，解放军战士英勇杀敌；火线下，人民群众奋力支援。焦裕禄同志根据上级指示，组织带领担架队，在尉氏县支前总队的领导下，投入了支援淮海战役的伟大斗争。

1950 年冬，焦裕禄同志任共青团尉氏县委副书记。面对新的工作、新的环境，焦裕禄同志没有犹豫，力挑重担，在实践中摸索，在干中学习。

1962 年冬，焦裕禄受党的委派来到了兰考，担任县委书记。

展现在焦裕禄面前的兰考大地，是一幅严重的灾荒景象。横贯全境的两条黄河故道，是一眼望不到边的黄沙；片片内涝的洼窝里，结着青色的冰凌；白茫茫的盐碱地上，枯草在寒风中抖动。这一年，春天风沙打毁了二十万亩麦子，秋天淹坏了三十万亩庄稼，盐碱地上有十万亩禾苗被碱死，全县的粮食产量下降到历史最低水平。

焦裕禄同志说："感谢党把我派到最困难的地方，越是困难的地方，越能锻炼人。请组织上放心，不改变兰考的面貌，我决不离开这里。"

焦裕禄同志经常住在农民的草庵子里，蹲在牛棚里，跟群众一起吃饭，一起劳动。他带着高昂的革命激情和对群众的无限信任，在广大群众中间询问着、倾听着、观察着。他听到许多农民要求"翻身"、要求革命的呼声，看到许多村民自力更生、奋发图强对"三害"斗争的革命精神，他在群众中学到了不少治沙、治水、治碱的办法，总结了不少可贵的经验。群众的智慧，使他受到了极大的鼓舞，也更坚定了他战胜灾害的信心。

1963年元月，焦裕禄在县委扩大会议上，要求各级领导同志带头到困难村去，与基层干部同甘苦、共患难，为改变贫困地区面貌作出贡献，为基层干部作出榜样，真正做到心不离群众，身不离灾区。

1963年2月，县委决定在全县范围内开展治沙、治水、治碱的斗争，成立除"三害"办公室。焦裕禄下决心要把兰考县一千零八十平方公里土地上的自然情况摸透，亲自去掂一掂兰考的"三害"究竟有多大分量。当时，焦裕禄同志的肝病已相当严重，许多同志劝他不要下去，劝他在家里听汇报。他说："吃别人嚼过的馍没味道。"他背着干粮、拿起雨伞，和大家一起在兰考的原野上日夜奔波。追沙，他一直追到沙落地；查水，他又是查到水归槽。干旱季节，他亲自用舌头辨别盐碱的种类和土壤的含碱量。在同自然灾害的斗争中，焦裕禄同志不顾重病缠身，忍受着严重疾病的折磨，在风里、雨里、沙窝里、激流里，坚持度过了一百二十多个白天和黑夜，跑了一百二十多个大队，跋涉五千余里，终于摸清了兰考"三害"的底细，全县有大小风口八十四个，经调查队一个个查清，编了号、绘了图；全县有大小沙丘一千六百个，也一个个经过丈量，编了号、绘了图；全县的千河万流，淤塞的河渠，阻水的路基，涵闸……也调查得清清楚楚，绘成了详细的排涝泄洪图。经过一年的艰苦奋战，兰考的除"三害"工作取得了明显的成效。焦裕禄同志身体力行，无论工作多忙，总是坚持参加集体生产劳动，始终保持劳动人民的本色。他经常开襟解怀，卷起裤腿和群众一起干活，群众身上有多少泥，他身上就有多少泥。他经常和群众一起翻地、封沙丘、种泡桐、挖河渠……就在县委决定他住院治疗的前几天，他还挥舞铁锹在红庙公社葡萄架大队和群众一起劳动。因此，他经常要求下乡的干部一要带毛主席著作，二要带劳动工具和行李。

焦裕禄同志始终保持艰苦朴素的作风，他长期有病，家里人口又多，生活比较困难，可是他坚决拒绝给他救济。他说："兰考，是个重灾县，人民的生产、生活都很困难，我们应该首先想到他们。要把这些钱用到改变兰考面貌的伟大事业上去，用到改善兰考人民的生活上去。"焦裕禄还经常教育子女做脏活，到最困难的地方去，穿衣要朴素，生活要节俭。有一次，焦裕禄同志发现大儿子去看戏，问道："戏票哪来的？"孩子说："收票叔叔向我要票，我说没有。叔叔问我是谁？我说焦书记是我爸爸，收票叔叔没有收票就让我进去了。"焦裕禄听了非常生气，当即把一家人叫来"训"了一顿，命令孩子立即把票钱如数送给戏院。后来，他又专门起草了一个《干部十不准》的文件，规定任何干部都不准特殊化。

1964 年春天，正当兰考人民同涝、沙、碱斗争胜利前进的时候，焦裕禄同志的肝病也越来越重了。他开会、作报告，经常用右膝顶住肝部，不断用左手按住痛处。有时，用一个硬东西一头顶着椅子，一头顶住肝部。天长日久，他坐的藤椅被顶出一个大窟窿，他从不把自己的病放在心里。组织上劝他住院治疗，他总是说："工作忙，离不开。"给他请来一位有名的中医，开了药方，他嫌药贵，不肯买。他说："灾区群众生活很困难，花这么多钱买药，我能吃得下吗？"县委的同志背着他去买来三剂，强让他服下了，但他执意不再服第四剂。可当他发现别的同志有了病时，却总是关心备至。县委一位负责同志在乡下患病，焦裕禄几次打电话，要他回来休息。组织部一位同志患慢性疾病，焦裕禄不给他分配工作，要他安心疗养，财委一位同志患病，焦裕禄多次催他到医院检查……焦裕禄同志想的总是别人，他心里装着全体人民，唯独没有他自己。有一次，焦裕禄同志和县委办公室一位同志去三义寨公社检查工作。走到半路，他的肝病发作，疼得厉害，两个人只好推着自行车慢慢地走到公社，大家看他脸色不好，劝他休息一会，他笑笑说："谈你们的情况吧，我不是来休息的。"焦裕禄同志一边听着汇报，一边按着作痛的肝部记笔记。剧烈的肝痛使他手指发抖，钢笔几次从手中掉下来，但是他仍然坚持听下去。

1964 年 3 月，焦裕禄同志的肝病越来越严重，医生开出了最后诊断书："肝癌后期，皮下扩散"。当护士给他注射止痛针时，他感到自己的病已无法治疗，便摇摇手说："我不需要了，省下来留给别的阶级兄弟吧！"他的大女儿到医院里去看他，他深情地说："小梅，你参加革命工作了，爸爸没有什么送给你，家里的那套《毛泽东选集》，就作为送你的礼物吧。那里面，毛主席会告诉你怎么做人，怎么工作，怎么生活……"省、地、县各级领导同志来看望他。这时，焦裕禄已经病危，他用尽全力断断续续地说："我……没有……完成……党交给我的……任务……没有实现兰考人民的要求……心里感到很难过……我死了不要多花钱……省下钱来支援灾区建设……我只有一个要求……请组织上把我运回兰考……埋在沙丘上……活着我没有治好沙丘……死了也要看着兰考人民把沙丘治好。"

1964 年 5 月 14 日，焦裕禄同志的心脏停止了跳动，终年 42 岁。他死后，人们在他病床的枕下发现两本书：一本是《毛泽东选集》，一本是《论共产党员的修养》。

‖ 学习延伸 ‖

一位普通的领导干部，一个优秀的共产党员，县委书记的榜样，人民群众的贴心人——焦裕禄同志走完了他那完全、彻底为人民服务的光辉灿烂的一生。

焦裕禄的故事充满着坚韧、担当和家国情怀，他的一生都在无私奉献和为人民努力奋斗，成了中国人民心中的传世英雄。他的坚韧、担当、奉献和坚守初心的精神一直激励着我们，同时也告诉我们，无论身处何种困境，只要心怀奉献，坚持正道，我们也可以书写属于自己的传世佳话！

第四节　无私奉献的共产主义战士——雷锋

微课

‖ 生平简介 ‖

雷锋（1940 年 12 月 18 日—1962 年 8 月 15 日），原名雷正兴，出生于湖

南长沙，中国人民解放军战士，共产主义战士。

1954 年加入中国少年先锋队，1960 年参加中国人民解放军，同年 11 月加入中国共产党。1961 年 5 月，雷锋作为所在部队候选人，被选为辽宁省抚顺市第四届人民代表大会代表。1962 年 2 月 19 日，雷锋以特邀代表身份，出席沈阳军区首届共产主义青年团代表会议，并被选为主席团成员在大会上发言。1962 年 8 月 15 日，雷锋因公殉职，年仅 22 岁。2019 年 9 月 25 日，雷锋被评选为"最美奋斗者"。

人物概况

雷锋，原名雷正兴。1940 年 12 月 18 日，雷锋出生在湖南省望城县（今湖南省长沙市望城区）安乐乡的一个雇农家里。雷锋幼年命运悲惨，他 6 岁给地主放猪砍柴，过着牛马不如的生活。他家 5 口人被财主逼死 4 口，不满 7 岁成了孤儿。本家的六叔奶奶收养了他，他为了帮助六叔奶奶家，常常去山上砍柴，可是，当地的柴山都被有钱人家霸占了，不许穷人去砍。雷锋有一天到蛇形山砍柴，被徐家地主婆看见了，这个地主婆指着雷锋破口大骂，并抢走了柴刀，雷锋哭喊着要夺回砍柴刀，那地主婆竟举起刀在雷锋的左手背上连砍三刀，鲜血顺着手指滴落在山路上。

1949 年 8 月，雷锋的家乡获得解放。当中国人民解放军路过雷锋的家乡，他看见宿营的队伍一住下来便向老乡嘘寒问暖，还帮助老乡挑水、扫地，买柴买菜按价付钱，不拿群众的一针一线，就从心底萌生了要参军的愿望。雷锋找到部队的连长，坚决要当兵。当连长得知他苦难的身世后告诉他还小，等长大了才能当兵，并把一支钢笔送给了他，鼓励他要好好学习，长大了才能保卫和建设中国。

后来，乡长从深山破庙里找到了遍体鳞伤的雷锋，送他进医院，治好了满身的脓疮。按照政策，他不但分到了房子和土地，还免费进入学校读书。雷锋勤奋好学，顺利完成了学业。1956 年，荷叶坝完小的毕业典礼上，雷锋在发言中立志要当一个"好农民""好工人""好战士"。

1956 年夏天，雷锋小学毕业后回村当了记工员，随后又被推荐至乡政府和望城县委机关做通讯员。在县委工作期间，朴实上进又吃苦耐劳的雷锋受到了很多人的关爱，被评为机关模范工作者，并于 1957 年加入共青团。

1958 年春，雷锋到团山湖农场，只用一周的时间就学会了开拖拉机。同年 9 月，雷锋响应支援鞍钢的号召，毅然报名参加鞍钢建设，到鞍山做了一名推土机手。由于个子小，厂里建议雷锋开小型推土机，但他为了多生产，坚持开这台重型推土机。车厢里，坐着就看不到车铲，站又站不直，每天只好猫腰工作，一天下来腰酸背痛，但他没喊过一声苦、一声累。

翌年 8 月，他又来到条件艰苦的弓长岭焦化厂参加基础建设，带领伙伴们冒雨奋战保住了 7200 袋水泥免受损失。在鞍山和焦化厂工作期间，他曾 3 次被评为先进工作者，5 次被评为标兵，18 次被评为红旗手，并荣获"青年社会主义建设积极分子"的光荣称号。

1959 年 12 月初，新一年的征兵工作已经开始，雷锋迫切要求参加中国人民解放军，但鉴于焦化厂的征兵名额有限，且雷锋在工地的表现十分突出，领导也舍不得放他走，就不同意他报名。这可急坏了雷锋，他跑了几十里路，来到辽阳市人民武装部向余政委讲起自己的经历，表明他参军的志愿和决心。

武装部的余政委和工程兵派来接兵的领导专门研究了雷锋的入伍问题，认为他是苦孩子出身，经过实际工作的锻炼，政治素质好，入伍动机明确，虽然身高 1.54 米，体重不足 55 千克，身体条件差些，但他在农场开过拖拉机，在工厂开过推土机，多次被评为社会主义建设积极分子和先进工作者，相信他入伍会成长得更快。最后决定批准雷锋入伍。

1960 年 1 月 8 日，雷锋领到了入伍通知书，穿上了军装，随新兵一同由辽阳来到驻地营口市，成了沈阳军区工程兵某部运输连的一名新兵。

1960 年 5 月，抚顺市望花区和平人民公社成立，雷锋想到公社刚成立会有许多困难，就把自己积攒的 200 元钱全都取了出来，到公社捐款。雷锋在部队每个月只有 6 元津贴，除了交党费、买书和必要生活用品外，结余全部被他存到储蓄所或买了公债。

1960 年 11 月，雷锋加入了中国共产党。他入伍后表现突出，在不到三年的时间里，他荣立二等功一次、三等功两次，被评为节约标兵，荣获"模范共青团员"。1961 年，雷锋晋升为班长，被选为抚顺市人民代表。

雷锋走到哪里就把好事做到哪里，人们流传着这样一句话："雷锋出差一千里，好事做了一火车。"一天，雷锋坐上了从抚顺开往沈阳的火车。他看到坐车的人很多，就把座位让给了一位老人。他看到列车员忙不过来，就主动帮着扫地、擦玻璃、倒开水，帮助下车的旅客拿东西，忙个不停。有人劝他，说："看把你累的，都满头大汗了，快歇歇吧！"可他说："我不累。"

在沈阳换车的时候，一出站口，雷锋看见一群人围着一个背着小孩的中年妇女，原来是把车票丢了。只见那个中年妇女浑身上下翻了个遍，车票还是没有找到。雷锋不由得上前问道："大嫂，你到哪儿去啊？怎么把车票弄丢了？"那位妇女着急地说："俺从山东来，到吉林去看孩子他爸，不知什么时候把车票和钱都丢了，这可怎么办啊？"雷锋听了，说："大嫂！你跟我来吧！"雷锋领着那位妇女来到售票处，用自己的津贴买了一张到吉林的车票，塞到大嫂手里，说："快上车吧，车就要开了。"那位大嫂手里拿着车票，感动得热泪盈眶，说："大兄弟，你叫什么名字？是哪个单位的？"雷锋笑了笑说："大嫂，别问了，我叫解放军，家就住在中国！"

1962年8月15日上午8点多钟，细雨霏霏，雷锋和他的助手乔安山一起执行运输任务。当他们驾车从工地回到驻地，把车开进连队车场后，发现车身上溅了许多泥水，便不顾长途行车的疲劳，立即让乔安山发动车到空地去洗车。经过营房前一段比较窄的过道，为安全起见，雷锋站在过道边上，扬着手臂指挥小乔倒车转弯："向左，向左……倒！倒！"汽车突然左后轮滑进了路边水沟，车身猛一摇晃，骤然碰倒了一根平常晒衣服被子用的方木杆子，雷锋不幸被倒下来的方木杆子砸在头部，当场扑倒在地，昏过去……

战友们立即用担架把他送到附近医院抢救，各级首长立即赶到了医院，同时以最快速度把沈阳的医疗专家接到雷锋床前。由于颅骨损伤，导致脑机能障碍，雷锋不幸牺牲，时年22岁。

‖ 学习延伸 ‖

雷锋他做的都是很普通的小事，但是，一件件，一宗宗，都体现了他全心全意为人民服务的崇高思想。

雷锋虽然去世了，那个年代也过去了，但是雷锋依然还活着。雷锋精神是为共产主义而奋斗的无私奉献的精神；忠于党和人民、舍己为公、大公无私的奉献精神；立足本职、在平凡的工作中创造出不平凡业绩的"螺丝钉精神"；苦干实干、不计报酬、争做贡献的艰苦奋斗精神；归根结底，就是全心全意为人民服务的精神。

雷锋的事迹和精神品质给我们留下了宝贵的财富。我们应该时刻铭记他的事迹和精神品质，向他学习并努力践行奉献精神、螺丝钉精神和艰苦奋斗精神等优秀品质。同时，我们也要积极传递正能量，让更多的人加入奉献和爱的行列，共同构建一个更加美好的社会！

第五节　中国气象学的奠基者——竺可桢

‖ 生平简介 ‖

竺可桢（1890年3月7日—1974年2月7日），字藕舫，浙江省绍兴县（今绍兴市）东关镇人，中央研究院院士、中国科学院院士，中国共产党党员，中国近代气象学家、地理学家、教育家，中国近代地理学和气象学的奠基者，浙江大学前校长。

1890年3月7日，竺可桢出生于浙江绍兴东关镇（今属浙江省绍兴市上虞区）一个小商人家庭。1909年考入唐山路矿学堂（今西南交通大学）学习土木工程；1910年公费留美学习；1918年获得哈佛大学博士学位；1920年秋应聘南京高

等师范学校；1929 年起屡次被选任为中国气象学会会长；1934 年参与创建中国地理学会；1936 年 4 月担任浙江大学校长，历时 13 年；1949 年担任中国地理学会理事长，同年 11 月中国科学院成立以后，竺可桢被任命为副院长、生物学地学部主任；1950 年当选为中华全国自然科学专门学会联合会全国委员会委员、中华全国科学技术普及协会副主席；1955 年选聘为中国科学院学部委员（院士），兼任生物学地学部主任；1956 年"综合考察工作委员会"正式成立，竺可桢担任委员会主任；1962 年 6 月加入中国共产党；1974 年 2 月 7 日去世，享年 84 岁。

▌人物概况▐

竺可桢出生于民风淳厚、山清水秀的绍兴东关镇一个小商人的家里。在他 5 岁那年，开始进私塾读书。12 岁入东关镇小学。1905 年，由东关镇小学转入扬州中学，在同学中有胡适、朱自清、王伯祥、束星北、陆维采等人，他们后来都成为新文化运动中的著名人士。

1909 年夏，竺可桢以优异成绩考进唐山路矿学堂（今西南交通大学）学习土木工程。在大学期间，他时刻关心着祖国的命运。他参加了反对北洋军阀政府的"保路同志会"，被选为学生会干事。

1910 年，竺可桢以优异成绩取得赴美留学生资格后，认为中国万事以农为本，便进入美国伊利诺伊大学农学院。1913 年他毕业后，又到哈佛大学地学系攻读其幼时即喜爱的气象学。竺可桢在哈佛大学攻读博士学位时，他看到"中国地大物博，人口众多，历史悠久"，但"科学落后，技术幼稚"，只有发奋图强，才能拯救多灾多难的祖国。于是他在自然科学的领域里辛勤耕耘，兼攻地理学及气象学，同时他也认为"地理学者欲求增进国力之知识必须兼攻自然科学"，而"气象学者能利用各种气象要素以研究地理现象"。因此，"地理学者与气象学者必能合作以解决地理问题"。其间，父亲和长兄先后去世，竺可桢克服经济困难坚持学习，直到取得博士学位后于 1918 年回国。

1920 年竺可桢获得哈佛大学博士学位后回国，在武昌高等师范学校任教务主任。他筹建了地学系，课程设置和教材选择都力求与国际接轨。在武昌高等师范工作不到一年，被东南大学聘为地学系主任。在此期间，他为中国培养了第一代地理和气象工作者，所编写的《地学通论》是中国第一本现代地理学著作。

1928年，竺可桢被任命为中央气象研究所所长，并于当年在南京建立第一个由中国人管理的气象台，打破了外国人对中国气象事业的垄断。在任所长的20多年里，他先后发表了《远东台风的新分类》《台风的源地与转向》《东亚与美洲气候的比较》《中国气流之方向与各气候区域之位置关系》等重要论文50余篇。这些论文不仅为中国现代气候学奠定了基础，而且使中国气候学走出了国门，走向了世界。

1936年，竺可桢出任浙江大学校长。在任13年间，他为浙大建设倾注了全部心血，提出"求是"二字为校训。抗战期间，浙大为避免陷入日寇铁蹄之下而向山区搬迁。竺可桢为选校址在外奔波，妻子张恢魂与次子竺衡先后病逝，浙大师生闻讯后均为之感动不已。抗战胜利后，竺可桢对浙大师生反对独裁、争取民主爱国运动给予支持，所以在校内科学、民主和进步思想始终占上风，以致国民党特务骂浙大是"共产党的租界"。1949年4月，人民解放军渡过长江，竺可桢拒绝国民党要他去台湾的要求，前往上海等待解放。

1949年7月，竺可桢应邀到北京参加全国科学工作者代表大会筹备会，在随后成立的中国科学院任副院长（郭沫若任院长）。他首先着手组织成立了中国科学院地理研究所，又主持完成了划分中国自然区划、制定国家大地图案等工作。他还先后组织了多次大型综合考察活动，足迹遍布全国各地。他为中国科学院的组织创建、自然区划的开展、中国气候区域划分和中国地理学会的组织发展等做出了重大贡献。

从1950年定居北京后，竺可桢着手研究物候学，于1963年出版《物候学》一书，为中国农业发展做出重要贡献。晚年，他又发表了集其毕生研究成果的《中国近五千年来气候变迁的初步研究》，引起世界轰动。

1962年6月，他以72岁高龄加入中国共产党。

1974 年 2 月 7 日，竺可桢病逝于北京，享年 83 岁。

▌▌学习延伸▌▌

竺可桢，这位杰出的科学家，他的一生都在为气象科学事业奋斗，为国家的繁荣和人民的福祉默默奉献。

竺可桢不仅在学术上取得了卓越的成就，更在人格和精神上展现出了崇高的品质。他一生都在追求科学真理、献身教育事业、服务国家和民族的道路上不懈努力，是我们永远学习的榜样。

竺可桢一生淡泊名利，以国家和民族的利益为重。无论是在学术研究、教育事业还是在政治事务中，他都始终坚守着自己的信仰和原则。他不仅在学术上敢于挑战权威，不断探索未知领域，还在实践上积极开展科学考察和研究工作；他不仅在气象学和地理学领域做出了卓越的贡献，还积极参与国家科技政策和规划的制定，为中国科学事业的发展做出了重要的贡献。这种勇于探索、敢于创新的精神，这种对科学的热爱和严谨的科学态度，这种对国家和民族的责任感和使命感，这种爱国情怀和奉献精神，正是我们这一代年轻人所需要具备的品质，我们应该铭记和传承！

第六节　石油战线的楷模——王进喜

微课

▌▌生平简介▌▌

王进喜（1923 年 10 月 8 日—1970 年 11 月 15 日），出生于甘肃省玉门县（今玉门市）赤金堡一个贫苦家庭，中国黑龙江省大庆市大庆油田石油工人。玉门解放后成为一名新中国石油工人，因用自己身体制伏井喷而家喻户晓，人称"铁人"。

1970 年 4 月，王进喜被确诊为胃癌晚期。1970 年 11 月 15 日 23 时 42 分，王进喜因胃癌医治无效不幸病逝，终年 47 岁。

2009 年 9 月 10 日当选"100 位新中国成立以来感动中国人物"之一。

2019 年 9 月 25 日，被评选为"最美奋斗者"。

▎▎人物概况▎▎

王进喜 1923 年 10 月出生于甘肃省玉门县赤金堡一个贫困的农民家庭，是新中国第一批石油钻井工人，全国著名的劳动模范。

1938 年，15 岁的王进喜进玉门石油公司当徒工干活时，因被砸伤了腿，被厂主赶出大门，伤好后顶了别人的名字，才混了个差使。

当时玉门油矿的美国人垄断了采油技术，王进喜在矿里干了十几年，没有上过一次钻台，没有摸过一次石油钻机的刹把，作为一个干杂活的穷工人，他多少年里盖的是破羊皮，铺的是稻草。

中华人民共和国成立后，王进喜终于当上了甘肃玉门石油管理局勘探公司三大队的石油工人副司钻，1956 年升任 1259 钻井队队长，同年加入了共产党。

当时中国的钻井技术还很落后，他提出了"月上千，年上万钻透祁连山，玉门关上立标杆"的口号。他率领1205钻井队艰苦创业，打出了大庆第一口油井，并创造了年进尺10万米的世界钻井纪录，展现了大庆石油工人的气概，为我国石油事业立下了汗马功劳，成为中国工业战线一面火红的旗帜。王进喜以"宁可少活二十年，拼命也要拿下大油田"的顽强意志和冲天干劲，被誉为油田铁人。1959年，王进喜在全国"群英会"上被授予"全国先进生产者"称号。王进喜是中共第九届中央委员，第三届全国人大代表。

1959年，他作为石油战线的劳动模范到北京参加群英会，看到大街上的公共汽车，车顶上背个大气包，他奇怪地问别人："背那家伙干啥？"人们告诉他："因为没有汽油，烧的是煤气。"这话像锥子一样刺痛了他。王进喜后来说："北京汽车上的煤气包，把我压醒了，真真切切地感到国家的压力、民族的压力，呼地一下子都落到了自己肩上。"他曾多次向工友们说："一个人没有血液，心脏就停止跳动。工业没有石油，天上飞的，地上跑的，海上行的，都要瘫痪。没有石油，国家有压力，我们要自觉地替国家承担这个压力，这是我们石油工人的责任啊。"

1960年春，我国石油战线传来喜讯——发现大庆油田，一场规模空前的石油大会战随即在大庆展开。

1960年3月15日，王进喜率领1205钻井队37人从甘肃玉门出发，日夜兼程赶往位于高寒地带的大庆萨尔图。大庆石油会战是在困难的时候、困难的地方、困难的条件下展开的。没有公路，车辆不足，吃和住都成问题。但王进喜和他的同事下定决心：有天大的困难也要高速度、高水平地拿下大油田。面对极端的困难，王进喜带领工人们迎难而上。钻机到了，吊车不够用，几十吨的设备怎么从车上卸下来呢？王进喜说："咱们一刻也不能等，就是人拉肩扛也要把钻机运到井场。有条件要上，没有条件创造条件也要上。"他们硬是用绳子拉、撬杠撬、木块垫，一寸寸、一尺尺，靠双手和肩膀，奋战了三天三夜，终于把38米高、22吨重的井架迎着寒风矗立荒原。这就是会战史上著名的"人拉肩扛运钻机"。

要开钻了，水管线没接通，罐车没有，到哪里去弄水？为了抢时间，王进喜振臂一呼，带领工人们到附近的水塘里破冰取水，硬是用脸盆、水桶，一盆盆、一桶桶地往井场端了 50 吨水，保证了开钻用水。王进喜把自己的全部精力都投入为祖国献石油的使命中。

在重重困难面前，王进喜带领全队以顽强意志和冲天干劲，苦干 5 天 5 夜，打出了大庆第一口喷油井。

在随后的 10 个月里，王进喜率领 1205 钻井队和 1202 钻井队，在极端困苦的情况下，克服重重困难，双双达到了年进尺 10 万米的奇迹。

当时生活很艰苦，粮食都是定量的。王进喜就让家里炒点黄豆面、玉米面，装在一个布袋里背着。走到哪里，饿了就抓一把炒面，用开水冲一缸子，这就是一顿饭。队里的干部和工人们都看不过眼，打来饭菜让他吃，他一筷子都舍不得动。有时炒面袋没在身边，他就借故离开，饿上一顿。王进喜一直认为"干，才是马列主义；不干，半点马列主义都没有"。他在学习上务实进取，工作上以苦为荣，生产上要求高标准，生活上却永远保持着低水平。在那些日子里，王进喜身患重病也顾不上去医院。

1961 年，王进喜被钻杆堆滚下的钻杆砸伤了腿，当时昏了过去。但他醒来后仍然继续工作。领导把他送进医院，他又从医院跑到井场，拄着双拐指挥打井。当第二口井（2589 井）的井场钻到约 700 米时，突然发生井喷。当时没有压井用的重晶粉，王进喜当即决定用水泥代替。由于没有搅拌机，成袋的水泥倒入泥浆池却搅拌不开，王进喜便扔掉双拐，纵身跳进泥浆池，用身体搅拌泥浆。

在他的带动下，工友们也纷纷跳入井中，经过三个多小时，井喷终于被制服，保住了油井和钻机，可是王进喜却累得站不起来了，身上也被碱性很大的泥浆烧起了大泡。房东老大娘见他连续几天几夜奋战在井场没有回来，就感慨地说："王队长真是个铁人啊！"从此"王铁人"的称号传遍了油田，并通过新闻媒介的宣传响彻全中国。

工人们说："王铁人这个人，国家就是他的命，你就是把他的骨头砸碎了，也找不出半个'我'字。"

王铁人为发展祖国的石油事业日夜操劳，终致身心交瘁，积劳成疾。1970年4月，他被确诊为胃癌；同年11月病逝，终年47岁。"宁肯少活二十年，拼命也要拿下大油田。"王进喜把一生献给了祖国的石油工业，时刻都在践行着自己的誓言。

▌学习延伸▌

王进喜始终把国家的利益放在首位，用自己的汗水和努力为祖国的发展贡献力量。他处处从国家利益着想，重视调查研究，艰苦奋斗，认真负责，严把油田质量关。这种深厚的爱国情怀，正是我们需要继承和发扬的。

在艰苦的环境下，他从不言弃，始终保持着坚定的信念和决心。无论是面对自然环境的恶劣，还是工作中遇到的困难和挑战，他都能以顽强的意志和拼搏的精神去面对和克服。

他的爱国情怀、顽强拼搏、求真务实和无私奉献的优秀品质，不仅成就了他的伟大事业，也为我们树立了学习的榜样，更是我们需要继承和发扬的宝贵财富！

第七节　中国现代桥梁之父——茅以升

微课

▌生平简介▌

茅以升（1896年1月29日—1989年11月12日），也写作茅以昇，字唐臣，江苏镇江人。中共党员，九三学社社员，生前系九三学社中央名誉主席，中国铁道科学研究院院长，中国科协名誉主席，土木工程学家，桥梁专家，中国科

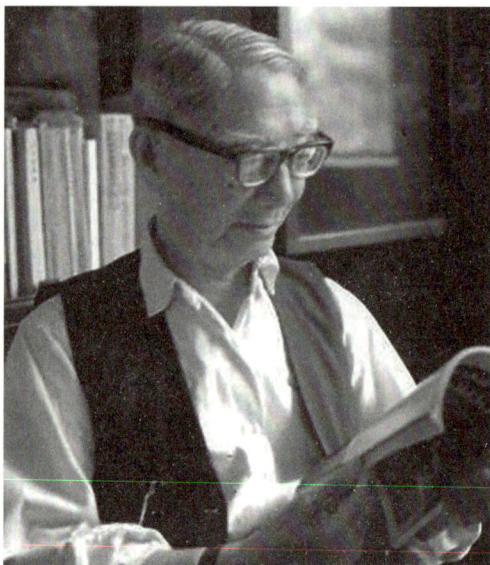

学院院士，美国工程院外籍院士，中央研究院院士。

茅以升 1916 年毕业于西南交通大学（时称交通部唐山工业专门学校），1917 年获美国康奈尔大学硕士学位，1919 年获美国卡耐基理工学院（现卡耐基梅隆大学）博士学位，回国后历任交通大学唐山工学院教授、国立东南大学（1928年更名为国立中央大学）教授、工科主任、国立河海工科大学校长、交通部唐山大学校长（今西南交通大学）、北洋工学院院长、江苏省水利厅厅长、钱塘江大桥工程处处长、交通大学唐山工学院代院长、院长、中国桥梁公司总经理、北洋大学校长、中国／北方交通大学（时含今西南交通大学和今北京交通大学）校长、铁道科学研究院院长等职。1955 年被选聘为中国科学院院士（学部委员）。

茅以升主持中国铁道科学研究院工作 30 余年，为铁道科学技术进步作出了卓越的贡献。他是积极倡导土力学学科在工程中应用的开拓者。茅以升曾主持修建了中国人自己设计并建造的第一座现代化大型桥梁——钱塘江大桥，成为中国铁路桥梁史上的一块里程碑；中华人民共和国成立后，他又参与设计了武汉长江大桥。晚年，他编写了《中国桥梁史》《中国的古桥和新桥》等。1989年 11 月 12 日病逝于北京，享年 93 岁。

2019 年 9 月 25 日，茅以升被评选为"最美奋斗者"。

‖ 人物概况 ‖

茅以升，字唐臣，1896 年出生于江苏镇江一个小康家庭。他的父亲是一位著名的教育家和诗人，从小就受到良好的家庭教育和文化熏陶。茅以升从小就表现出非凡的才华和好奇心，喜欢动手制作各种小玩意儿，善于观察和思考问题。他 10 岁那年，过端午节，家乡举行龙舟比赛，看比赛的人都站在文德桥上，由于人太多把桥压塌了，砸死、淹死不少人。这一不幸事件沉重地压在茅以升心里。他暗下决心：长大了一定要造出最结实的桥。从此，茅以升只要看到桥，不管它是石桥还是木桥，他总是从桥面到桥柱看个够。茅以升上学读书后，从书本上看到有关桥的文章、段落，就把它抄在本子上，遇到有关桥的图画就剪贴起来，时间长了，足足积攒了厚厚的几大本子。

茅以升中学毕业后，考入唐山工业专门学校土木系。1916 年毕业后，由唐山路矿以第一名的成绩，被清华学堂官费保送留美，成为研究生，9 月起程到美国康奈尔大学报到。谁知该校注册处主任傲慢地说："中国唐山这个学校从来没有听说过，必须经过考试，合格后才能注册。"经过考试后，茅以升的成绩极佳，便给他注册为桥梁专业研究生；从此以后，唐山路矿学堂毕业生，保送到美国康奈尔大学作研究生的，特许不再经过考试这一关了。茅以升于 1917年获康奈尔大学研究院专业硕士学位，1919 年获美国加利基理工学院工学博士学位。博士论文题为《桥梁力学第二应力》，这篇论文，在当时具有世界水平，因而荣获加利基理工学院颁发的金质研究奖章。

在求学期间，茅以升勤奋刻苦，成绩优异，多次获得奖学金和荣誉证书。在康奈尔大学期间，他发明了一种新型的桥梁设计方法，被命名为"茅氏定律"，成为他学术生涯的代表作之一。

1919 年 12 月，24 岁的茅以升毅然回国。先后担任交通大学唐山工学院教授，国立东南大学（1928 年更名为国立中央大学）教授，工科主任，国立河海工科大学校长，交通部唐山大学校长（今西南交通大学），北洋工学院院长，江苏省水利厅厅长，钱塘江大桥工程处处长，交通大学唐山工学院代院长、院长，中国桥梁公司总经理，北洋大学校长，中国 / 北方交通大学（时含今西南交通大学和今北京交通大学）校长，铁道科学研究院院长等职。

茅以升说："回顾我的读书生活，这14年的努力，好比造桥，为我一生事业建造了坚实的桥墩。"茅以升学成回国后，先后任唐山工业专门学校教授，南京东南大学工科教授兼主任，河海工科大学校长，天津北洋工学院院长兼教授，江苏省水利局局长，交通部中国桥梁公司总经理兼总工程师，北方中国交通大学校长等职。

1922年，茅以升受聘为国立东南大学教授，1923年任首届工科主任，创立土木工程系，在人才培养中设立道路门（方向），并广泛延揽名师，成为我国最早设立的道路专业方向，也是东南大学办学历史最悠久的专业之一。在随后的东大工科停办风波中，茅以升教授亲书致信救学科发展于存亡之中，甚至亲赴北京商议此事。最终，河海工程学校与东大工科改组成立河海工科学校，茅以升为被聘学校首任校长，东大工科得以保留发展的火种。

茅以升想：中国的大川大河上，已有一些大桥了，但都是外国人造的：济南黄河大桥是德国人修的，蚌埠淮河大桥是美国人修的，哈尔滨松花江大桥是俄国（现俄罗斯）人修的，云南河口人字桥是法国人修的，沈阳浑河大桥是日本人修的……钱塘江大桥，我们中国人要自己修，证明我们中国人有能力修好这座现代化大桥，外国人能干的，我们中国人也能干，我们不比别人无能。就这样茅以升对钱塘江大桥开始了总体设计。

茅以升教授是积极倡导土力学学科在工程中应用的开拓者。1933年至1937年，茅以升任钱塘江大桥工程处处长，主持修建我国第一座公路铁路兼用的现代化大桥——"钱塘江大桥"。他采用"射水法""沉箱法""浮远法"等，解决了建桥中的一个个技术难题。从此，茅以升的足迹遍布大江南北，他的名字和新建的大桥一起留在祖国各地。1937年，钱塘江大桥通车，这是中国第一座自行设计和建造的双层铁路、公路两用桥。经过5年的努力，茅以升终于将现代化的钱塘江大桥建成。可通车不久，茅以升便接到命令：炸掉大桥，不让日军占用！茅以升心如刀割般地执行了命令。抗战胜利后，他带着精心保护的14箱资料回到杭州，克服重重困难，将钱塘江大桥修复完成。

当记者采访茅以升时，他说："自1919年12月，我归国为社会服务，在64年的征程中，我所做的工作最引人注目的就是主持建造钱塘江大桥工程。"

1955年至1957年，茅以升又任武汉长江大桥技术顾问委员会主任委员，他又接受修建我国第一座跨越长江的大桥——武汉长江大桥的任务。1955年9月，大桥正式开工，到1957年9月25日建成，比原计划提前两年。1957年10月15日，武汉长江大桥举行落成典礼。茅以升设计的这座大桥是铁路公路两用的双层钢桁梁桥。上层为公路桥，宽22.5米，其中车行道宽18米；下层为铁路桥，宽18米。正桥长1155.5米，连同两端公路引桥，总长1670.4米。大桥将京汉铁路和粤汉铁路衔接起来，成为我国贯穿南北的交通大动脉，并把武汉三镇联成一体，确保了我国南北地区铁路和公路网联成一体。

1958年在北京修建人民大会堂时，周恩来总理在审查工程设计时指出："要有茅以升的签名来保证。"党和国家领导人对茅以升非常信任，茅以升也对党的工作极端负责，他对人民大会堂的结构设计作了全面审查核算，最后签了名。

茅以升一生学桥、造桥、写桥。他在中外报刊发表文章200余篇。主持编写了《中国古桥技术史》及《中国桥梁——古代至今代》（有日、英、法、德、西班牙五种文本）。著有《钱塘江桥》、《武汉长江大桥》、《茅以升科普创作选集》（一、二）、《茅以升文集》等。

茅以升在新中国成立后任铁道研究所所长、铁道科学院院长、全国科学技术协会副主席。自1954年起当选为一至五届全国政协委员、全国人民代表大会代表、人大常委会委员。1987年10月，茅以升光荣地加入中国共产党。茅以升为我国和世界桥梁建筑事业做出了卓越的贡献。1989年11月12日，茅以升病逝于北京，享年93岁。

茅以升教授是中国著名的土木工程学家、桥梁专家、工程教育家，是东南大学工科的奠基人。

┃┃学习延伸┃┃

茅以升，这位桥梁事业的先驱和中华工程师的楷模，他一生追求真理，坚持科学精神，一生都在为国家的桥梁建设事业默默奉献，用自己的智慧和勇气谱写了众多不朽的传奇。他不仅关注个人的发展，更关心国家和民族的命运，不畏艰险，勇攀高峰，为中国的桥梁事业做出了巨大的贡献。

他在工作中始终坚持原则，不为利益所动。他曾拒绝了一些不合理的项目和资金，坚持自己的信念和原则。他从不妥协，从不退缩，始终保持清醒的头脑和坚定的信念。

他那坚定的信念、开拓创新的精神、注重实践、高度的社会责任感、广泛的兴趣、深厚的文化底蕴、善于沟通交流和合作等优秀品质，不仅是他取得卓越成就的关键因素，也是我们学习和传承的宝贵财富！

第八节　中国氢弹之父——于敏

┃┃生平简介┃┃

于敏，男（1926年8月16日—2019年1月16日），出生于河北省宁河县芦台镇（今属天津市）。

于敏是核物理学家，中国工程物理研究院原副院长、研究员，中国科学院院士。他长期领导核武器理论研究、设计，解决了大量理论问题，对我国核武器的发展做出了重要贡献；在氢弹研制中开拓性地提出了原理、材料、构型完整的物理方案，为氢弹原理突破发挥了关键作用，是我国核武器小型化研制、中子弹原理突破理论研究和设计的主要组织者、领导者和技术核心。于敏荣获"两弹一星"功勋奖章、国家最高科学技术奖、"全国五一劳动奖章"和"全国劳

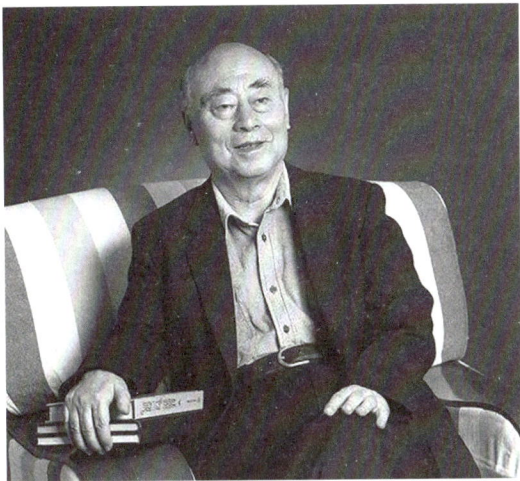

动模范"称号、荣获改革先锋称号，颁授改革先锋奖章，并获评"国防科技事业改革发展的重要推动者"。

‖ 人物概况 ‖

于敏，1926 年 8 月 16 日出生于天津市宁河县芦台镇的一户普通人家，他的成长经历充满了对知识的渴望和对科学的追求。

于敏的父亲是天津的一名普通小职员，母亲出身于普通百姓家庭。于家原籍在北塘，后来落户到了芦台。于敏的祖父于绍舟是通州师范的毕业生，曾在汉沽寨上教书办学，为当地的教育事业做出了贡献。然而，于敏 1 岁时，祖父因病故去，这无疑给他的家庭带来了一定的打击。

尽管家境并不富裕，但于敏从小就展现出了对知识的强烈渴望。他 7 岁时开始在芦台镇上小学，中学时期则先后就读于天津木斋中学和耀华中学。这两所学校为他提供了良好的学习环境，使他的学术基础得以稳固。

于敏在幼年经历中，见证了中华民族遭受日本殖民者的侵略压迫的屈辱。青年壮志，让他心中树立起以岳飞为榜样的目标。

1944 年，于敏以各科第一的优异成绩考上了北京大学工学院电机系，开始了他对科学的深入探索。在于敏看来，美国在广岛和长崎投放的两颗原子弹，使两座城市被摧毁殆尽。若这样的杀伤性武器，被用在赢弱的祖国身上，也将是一番血泪教训。他要尽全力，"师夷长技以制夷"。不得不说，于敏确实有物理学方面的天赋。

两年后，于敏准备转入理学院去念物理，并将自己的专业方向定为理论物理，他这一决定标志着他正式踏上了科学研究的道路。在转专业考试中，他以100分的成绩，名震整个北大校园，连北大理学院院长、著名物理学家以及剑桥博士张宗燧都称赞道："我教学一生，从未见过于敏这样优秀的学子。"

在北大求学期间，于敏的生活条件非常贫瘠，甚至大学差点因为家里无钱供养而弃学，好在有同学资助。也由此，于敏珍惜每时每刻的学习时间，甚至连寒暑假都闷在寝室里学习，被人冠以"老夫子"的称号。他之所以如此，不仅仅是想要"逆天改命"，还有想撑起整个中华民族脊背的不俗念头。

于敏不仅努力学习专业知识，还积极参与各种学术活动。他的才华和勤奋得到了老师和同学们的认可，为他日后的科研事业奠定了坚实的基础。

1949 年于敏本科毕业，并考取了研究生。在钱三强、彭桓武等著名科学家的指导下，他开始了核物理研究。这一领域的研究不仅需要深厚的理论功底，还需要对科学事业的执着追求和无私奉献精神。于敏正是凭借这些品质，在核物理领域取得了卓越的成就。在张宗燧、胡宁教授的指导下，1951 年于敏以北京大学研究生的学位毕业，暂时以助教的方式，留在北大教学。

与此同时，中国科学院近代物理研究所更名为中国原子能科学研究院，而且，随着抗美援朝战场上的战事紧急，美国试图用原子弹震慑我国，这让筹备原子弹理论研究的团队的进程，不得不加快了速度。

而于敏以毕业论文《核子非正常磁矩》顺利被钱三强遴选，钱三强直呼：这必定是物理方面的一棵不错的苗子。

就这样，他被钱三强、彭桓武调到中国科学院近代物理研究所任助理研究员、副研究员。这个所 1950 年才成立，当时所长是钱三强，副所长是彭桓武，还有邓稼先、黄祖洽、金兴南等 8 位科学家。

当时，钱学森等一众国外物理专家们未曾回国，这也表示我国在原子能科学理论上的一片空白，而他凭借着自己的钻研，在短短十年时间里，成了这方面的领军人物。

于敏写的《关于重原子核的壳理论》《一个具有等间隔能谱的费米系统》等，以及他参与编写的我国第一部原子核理论专著《原子核理论讲义》，让他成了核理论研究的骨干，甚至被日本称为"国产专家一号"。

如果按照这条路走下去，于敏必将早早地名垂青史。这也导致，当"是否转入氢弹研究理论"的选择摆在面前时，他是继续自己的辉煌，还是从头开始。

当时，一切都是凭于敏个人做决定，但他却毫不犹豫地选择了氢弹。

这背后，是于敏从始至终的爱国心。

他说："研制氢弹不符合我的兴趣，但爱国主义压过兴趣。"

于敏与国家的"双向奔赴"，正式拉开了序幕，但是，他将自己的人生挖出一个"空白"，用来填补祖国的"空白"，也意味着会有更多的艰难险阻。

不仅是研究上需要吃苦耐劳，还有个人生活中需要隐姓埋名。

中国自打准备开始研究核理论时，美西方有意无意地警告与制裁，足够让人心力交瘁，而后美苏交恶，苏联专家撤出中国，导致我国的研究失了方向。

前后两难，而毛主席又强调："原子弹要有，氢弹也要快。"

因此，于敏立即走马上任，与黄祖洽等骨干成立氢核理论组，代号"470机组"。

1960年底，在钱三强的组织下，以于敏等为主的一群年轻科学工作者，悄悄地开始了氢弹技术的理论探索。从此隐姓埋名28年，他的名字和他从事的事业一起成为国家最高机密。

此后，于敏的一生都致力于核武器研究事业。他带领团队攻克了一个又一个技术难关，为中国核武器事业的发展做出了杰出贡献。

首先是数据运算，因为核大国对自家技术的绝对保密，使得他们只能从一些论文著作中寻找数据，进行计算，堪称"大海捞针"。

而且，当时我国原子弹和氢弹的研究，所需数据运算都依靠研究所唯一的一台晶体计算机。氢弹研究每周只有十小时，却都在深夜，这无疑增加了数据运算的难度。

而于敏的"超乎寻常"的直觉，却在这道难关上发挥了极大的作用。

1965年9月，上海的"百日会战"中，他带领团队完成了氢弹理论设计方案。

当时，于敏激动地给邓稼先去电："我们几个人去打了一次猎……打上了一只松鼠。"

邓稼先听出是"成功"的密语，激动万分。

而后的试验阶段，也是困难重重。

要知道，核聚变与核裂变的反应巨大，必须在荒无人烟的沙漠进行试验，而这也意味着所有研究人员必须克服恶劣的生活环境。

那时，在西北核武器研究基地中，于敏与中国科研人员一样，吃的是夹杂沙子的馒头，喝的是苦碱水，不仅要忍受刀削般的寒风，还要抵得住零下30多摄氏度的严寒。

他因为长期无规律的作息时间，导致身体透支，出现尤其严重的高原反应，却依旧要坚持。

这些生活上的苦头，与于敏坚定地迈向祖国复兴道路的成就感而言，都不值得一提。但是，唯一让他的心中惴惴不安的是，无法向家人言明自己的事业。

原来，在钱三强邀约于敏加入氢弹研究时，曾着重地提出一点要求："上不能告知父母，下不能告诉妻儿，要保证这个事情的绝对保密，组织上也会给你安排个合适的职务变动做掩饰……"

彼时，他与妻子孙玉芹结婚仅4年时间，新婚宴尔，却要瞒着妻女家人踏上这样一条将生命抛之脑后的征程，可想而知需要做出怎样的牺牲。

好在，这一切的付出都是值得的。

1967年6月17日，中国第一颗氢弹在罗布泊爆炸成功，也是我国继第一颗原子弹爆炸成功两年零八个月后的又一项壮举，远远高出其他拥核国家的研究速度。

于敏看到众人在街上欢欣鼓舞的场景，心中感到十分安慰，还在事后回忆道："我这个人不太爱流泪，也没有彻夜不眠，只回去睡觉了，睡得很踏实。"

之后的他，更是再接再厉，在核武器的研究上辛勤耕耘，让我国成了"全面限制拥核试验"前的能够合法拥核的国家之一。

虽然为国家做出如此巨大的贡献，但于敏却一如既往地保持着低调的行事风格，直到1988年解密，他的成就才被世人得知，家人也终于理解他被"一问三不知"时的委屈。

2019年1月，于敏离世，是唯一一个获得了"共和国勋章"却没有佩戴它的人，但是，他的点滴成就都被刻在中国历史的荣誉碑上，永世受国人崇敬。

于敏先生是我国核武器理论研究和国防高技术发展的杰出领军人物之一。在氢弹研制中，解决了热核武器物理中一系列基础问题，开创性地提出了从原理到构型基本完整的设想，发挥了理论研究设计开拓者、领军人的关键作用，填补了我国原子核理论的空白，为氢弹突破做出了重大贡献。他长期领导并参加核武器的理论研究和设计，解决了大量关键性的理论问题，开创了惯性约束聚变和X光激光等领域的研究，引领我国相关研究进入新阶段，对我国核武器发展做出了显著成就。

‖ 学习延伸 ‖

1967年6月17日，中国第一颗氢弹爆炸成功！从突破原子弹到突破氢弹，美国用了7年3个月；苏联用了6年3个月；英国用了4年7个月；法国用了8年6个月；而我国仅用了2年8个月，抢在法国前面成为世界上第四个拥有氢弹的国家。在这辉煌的背后是一群隐姓埋名默默无闻数十年的科学家。干惊天动地事，做隐姓埋名人，正是他们的真实写照，在那个激情燃烧的岁月里还有无数这样的无名英雄，在原子弹和氢弹的研制基地奉献了自己的青春年华。

我们能深深地从以于敏先生为代表的老一辈科学家身上感受到他们对祖国

的深厚感情和高尚的人格魅力。面对艰辛的环境、简陋的设备，他们无怨无悔，兢兢业业，默默奉献，用世界上最短的时间，成功研制出了氢弹，筑就了新中国的国防基石。他们是我们这个时代的道德标杆和学习楷模。他们身上的自主创新精神、爱岗敬业精神、精益求精精神、艰苦奋斗的劳模精神非常值得我们学习，这也正和职业学校一直弘扬的工匠精神有相通之处，希望同学们能够将于敏院士身上的优秀精神与工匠精神相结合，并在学习中、生活中加以实践，怀揣着一颗爱国的心，为实现中华民族伟大复兴而奋斗！

第六章

奋发图强　不负韶华的改革史

第一节　人民教育家——于漪

‖人物简介‖

于漪，女，1929 年 2 月 7 日出生于江苏镇江，汉族，中共党员。于 1951 年 7 月毕业于复旦大学教育系，8 月正式参加工作，任教于上海市第二师范学校。

于漪躬耕于中学语文教学事业，致力教育教学改革与创新，推动了全国语文课程教学综合性改革。上海市杨浦高级中学名誉校长，上海退役军人学院名誉院长，曾任全国语言学会理事、全国中学语文教学研究会副会长，获评为"2009 中国教育年度新闻人物"。曾荣获"全国先进工作者""全国三八红旗手""全国教书育人楷模"等荣誉称号，2019 年 9 月 17 日，国家主席习近平签署主席令，授予于漪"人民教育家"国家荣誉称号。截至 2021 年 3 月，已主讲近 2000 节省市级以上探索性、示范性公开课，其中 50 多节被公认为语文教改标志性课例。撰写《岁月如歌》《教育的姿态》《语文的尊严》《于漪知行录》《于漪新世纪教育论丛》等教育著述，获得了来自政府和业界的许多荣誉。

▌▌生平事迹▌▌

作为一名中学语文老师，在教学实践中探索出"教文育人""工具性与人文性统一"等教学理念，并最终体现在 2001 年印发的教育部《义务教育语文课程标准》中，丰富、完善了语文课程的国家标准。

自 20 世纪 90 年代起，于漪参与全国及上海语文课程标准制定，上海中小学二期课改所有年级语文教材审查，到 21 世纪初参与制定《上海市学生民族精神教育指导纲要》，再到提出构建以爱国主义为核心，以国家意识、文化认同、公民人格教育为重点的民族精神教育的实施体系。

于漪为了青年教师的成长，创设了师徒带教三级网络——一种师傅带徒弟模式，截至 2021 年 3 月，从 20 世纪 80 年代开始，于漪先后培养了三代特级教师，共"带教"100 多名全国各地的青年教师，促进我国涌现出许多有理性思考与实践经验的教学专家、教学能手。

▌▌学习延伸▌▌

同学们，于漪老师从教 70 余年，从一名普通教师成长为共和国的人民教育家，最重要的动力何在？是高度自觉的使命与信仰！正如她自己所说："过去，正是我们民族的奋斗精神与无数先贤的奉献牺牲，才有中国人民站起来的新中国；今天，祖国的繁荣和民族的振兴依然需要我们每一个人全身心地投入与付出。作为中华儿女，我深感自己肩负的历史责任，天下兴亡，匹夫有责。"于漪老师是一位跨时代的女性，她有着自己坚定的信仰，"一切为了民族"的复兴和富强，"树中华教师魂，立民族教育根"，"不负祖国的期望、人民的嘱托"都是她信仰的外在体现。而这些信仰的根在"爱党爱国，为民族振兴而不懈奋斗"，这才是于漪老师的精神基因。我们向于漪老师学习，就要不断坚定自己的信仰。那么，我们的信仰是什么呢？"不忘初心、牢记使命、为党育人、为国育才"是我们的坚定信仰。

第二节　杂交水稻之父——袁隆平

微课

▋生平简介▋

袁隆平（1930年9月7日—2021年5月22日），汉族，生于北平（今北京市），无党派人士，江西省九江市德安县人。享誉海内外的著名农业科学家，中国杂交水稻事业的开创者和领导者，中国共产党的亲密朋友，无党派人士的杰出代表，"共和国勋章"获得者，湖南省政协原副主席，国家杂交水稻工程技术研究中心原主任，中国工程院院士，被誉为"杂交水稻之父"。

袁隆平1953年毕业于西南农学院，1995年被选为中国工程院院士。1999年中国科学院北京天文台施密特CCD小行星项目组发现的一颗小行星被命名为袁隆平星。2000年，袁隆平获得国家最高科学技术奖，2004年获得沃尔夫农业奖，2006年4月当选美国国家科学院外籍院士，2010年获得澳门科技大学荣誉博士学位，2013年获得第四届中国消除贫困奖终身成就奖，2018年当选中国发明协会首届会士。2018年9月8日，袁隆平获得"未来科学大奖"生命科学奖。2018年12月18日，党中央、国务院授予袁隆平改革先锋称号，颁授改革先锋奖章，获评杂交水稻研究的开创者。2019年9月17日，国家主席习近平签署主席令，授予袁隆平"共和国勋章"。2020年11月28日，袁隆平当选2020中国经济新闻人物。

袁隆平致力于杂交水稻技术的研究、应用与推广，发明"三系法"籼型杂交水稻，成功研究出"两系法"杂交水稻，创建了超级杂交稻技术体系。袁隆平提出并实施"种三产四丰产工程"，运用超级杂交稻的技术成果，出版中、英文专著6部，发表论文60余篇。

‖ 人物概况 ‖

　　袁隆平于 1930 年出生在动乱年代，从小跟着家人过着颠沛流离的逃难生活，在重庆求学时，经历了大轰炸。他感到，要想不受别人欺负，国家必须强大起来。中华人民共和国成立前，袁隆平亲眼见到倒伏在路边的饿殍，十分痛心。选择农业报国，源自袁隆平想让大家"吃饱饭"的强烈愿望。

　　1953 年 8 月，袁隆平毕业于西南农学院（现西南大学）农学系。服从全国统一分配，到湖南省怀化地区的安江农校任教。同年被分配到偏远落后的湘西雪峰山麓安江农校教书。袁隆平立誓："作为新中国培育出来的第一代学农大学生，我下定决心要解决粮食增产问题，不让老百姓挨饿。"

　　1956 年，袁隆平带着学生们开始了农学实验。1960 年 7 月，袁隆平在农校试验田中意外发现一株特殊性状的水稻。他利用该株水稻试种，发现其子代有不同性质。因为水稻是自花授粉的，不会出现性状分离，所以他推论该品种为天然杂交水稻。随后他把雌雄同蕊的水稻雄花人工去除，授以另一个品种的花粉，尝试产生杂交品种。袁隆平发现，水稻中一些杂交组合有优势，认定这是提高水稻产量的重要途径。培育杂交水稻的念头，第一次浮现在他的脑海。

1966 年，袁隆平发表论文《水稻的雄性不孕性》，正式提出通过培育水稻"三系"（即雄性不育系、雄性不育保持系、雄性不育恢复系），以"三系"配套的方法来利用水稻杂种优势的设想与思路，拉开了中国杂交水稻研究的序幕。此后，他与学生李必湖、尹华奇成立"三人科研小组"，开始了水稻雄性不孕选育计划。

1970 年夏，袁隆平从云南引进野生稻，拟在靖县（即靖州苗族侗族自治县）做杂交，后因没有进行短光照处理而未成功。秋季，袁隆平带领科研小组李必湖、尹华奇来到海南岛崖县（今海南省三亚市崖州区）南江农场进行三季水稻实验条件良好的海南，进行研究试验，向该场技术员与工人调查野生稻分布情况。他发现的一株花粉败育野生稻，打开了杂交水稻研究突破口。袁隆平给这株宝贝取名为"野败"。

1973 年，在第二次全国杂交水稻科研协作会上，袁隆平正式宣布籼型杂交水稻三系配套成功，水稻杂交优势利用研究取得了重大突破。

1975 年，袁隆平研制成功杂交水稻制种技术，从而为大面积推广杂交水稻奠定了基础。1986 年袁隆平提出了杂交水稻的育种战略，将杂交水稻的育种从选育方法上分为三系法、两系法和一系法三个战略发展阶段，即育种程序朝着由繁至简而效率越来越高的方向发展。

1995 年 8 月，袁隆平宣布我国历经了近十年的两系法杂交水稻研究已经取得了突破性进展，可以做到大面积推广。事实上正如袁隆平在育种战略上所设想的那样，两系法杂交水稻的确表现出了更好的增产效果，米质也有了较大的提高。

2010 年 3 月，袁隆平院士团队和张启发院士团队合作，共同研究转基因水稻。在合作交流会上，袁隆平称，为了消除公众对转基因抗虫稻米安全性顾虑的问题，他愿意作为第一个志愿者来吃。

2017 年 9 月，在 2017 年国家水稻新品种与新技术展示现场观摩会上，袁隆平宣布一项剔除水稻中重金属镉的新成果："近期我们在水稻育种上有了一个突破性技术，可以把亲本中的含镉或者吸镉的基因'敲掉'，亲本干净了，种子自然就干净了。"

20 世纪 90 年代，美国经济学家布朗向世界发出"谁来养活中国"的疑问。袁隆平认为，中国完全能解决自己的吃饭问题，不仅如此，还能帮助世界人民解决吃饭问题。

在此背景下，我国提出了超级稻育种计划，袁隆平领衔的科研团队接连攻破水稻超高产育种难题，超级稻亩产 700 公斤、800 公斤、900 公斤、1000 公斤和 1100 公斤的五期目标已全部完成，一次次刷新着世界纪录。目前，我国杂交水稻种植面积超过 1700 万公顷，占全国水稻总面积的 50%，仅每年增产的粮食就可养活 7000 万人。

袁隆平领衔的中国杂交水稻技术还为世界粮食安全作出巨大贡献。

从越南的湄公河畔、印尼的苏门答腊岛、巴基斯坦的印度河平原，到尼日利亚的丘陵河谷地带……杂交水稻已经推广种植和引进试种到数十个国家和地区，海外种植面积达 700 万公顷。袁隆平曾说，全世界有一亿六千万公顷的稻田，如果其中有一半稻田是杂交稻，每公顷增产两吨算，可以增产一亿六千万吨粮食，可以多养 4 亿~ 5 亿人。

2016 年，袁隆平向世界介绍正在探索种植的"海水稻"，目标是在未来能够培育出亩产 300 公斤以上的海水稻。袁隆平说，"全国有十几亿亩的盐碱地没种庄稼，还有几千万亩的滩涂，如果利用起来全国推广一亿亩海水稻，每亩 300 公斤，将增收 300 亿公斤，相当于湖南省全年的水稻产量。"

2020 年，袁隆平海水稻团队在全国十地启动万亩盐碱地稻作改良和海水稻示范种植，海水稻示范种植面积由原来的两万亩，扩大推广到 10 万亩，计划 10 年内推广面积达 1 亿亩，相当于每年多生产 300 亿公斤的粮食，能多养活近 8000 万人口。

在杂交水稻双季亩产突破 1500 公斤的目标实现后，袁隆平又提出两个新的目标：一个是争取早日实现杂交水稻双季亩产 2000 公斤，一个是希望将目前实施的"三一工程"升级为"两一工程"，即将"三分地养活一个人"变成"两分地养活一个人"。

由袁隆平任首席科学家的"杂交水稻双季亩产 3000 斤试验示范"项目在三亚测产再获佳绩，"超优千号"超级杂交水稻测产结果为平均亩产 1004.83 公斤。

在科学研究上，袁隆平是一个特别认真、特别严谨的人，而在日常生活中，他是一个豁达大度、非常幽默的人。除了科研，他平日最爱的就是音乐，而且特别喜欢小提琴。他认为小提琴的声音是"最能触及灵魂深处的声音"。

袁隆平曾说自己有两个梦想：第一个梦想是杂交稻覆盖全球梦。据统计，截至 2017 年，全世界有一亿五千万公顷水稻田，但是杂交水稻还不到 10%，若有一半种上杂交稻，可以多养活 4 亿~5 亿人口。第二个是禾下乘凉梦，超级杂交稻长得比高粱还高，稻穗比扫把还长，稻子比花生米还大，他拿着蒲扇，躺在水稻下乘凉。正是为了这两个"梦"，袁隆平一直没有停止探索的脚步。而就在 2020 年，90 岁高龄的袁隆平却许下了他生平的第三个梦想："攻克中国的盐碱地，彻底解决中国在粮食上的后顾之忧，让中国人吃饱吃好！"在绝大多数人含饴弄孙、安享晚年的年龄，90 岁高龄的袁隆平开启了他的"袁梦计划"！

2021 年 5 月 22 日，杂交水稻之父、中国工程院院士袁隆平逝世，享年 91 岁。

▌▌学习延伸▌▌

袁隆平，一位伟大的科学家，他不仅在杂交水稻培育方面做出了卓越的贡献，更是中国人民的骄傲。

袁隆平从 1960 年开始从事杂交水稻的研究，经过无数次的试验、失败、再试验，最终成功培育出了高产、优质、适应性强的杂交水稻。在这个过程中，他经历了无数的困难和挫折，但他从未放弃过。他坚信，只要坚持下去，就一定能够取得成功。这种坚持与执着的精神，值得我们学习。

袁隆平不仅在杂交水稻的培育方面做出了卓越的贡献，还开创了许多新的研究领域，如水稻基因组学、分子生物学等。他的创新和探索精神为整个科学界树立了一个典范，告诉我们只有不断创新、不断探索，才能在科学研究中取得更大的突破。

袁隆平不仅是一位杰出的科学家，还是一位无私奉献的人。他将自己的一生都献给了科学事业，为了国家和人民的利益，他从不计较个人的得失。他的无私奉献精神，让我们看到了一个真正的科学家应该具备的品质：始终将自己的利益放在集体和国家的利益之后，为社会做出更大的贡献。

尽管袁隆平在科学界享有极高的声誉，但他始终保持着谦虚和低调的态度。他从不自夸自己的成就，也不轻易评价他人的工作。这种谦虚和低调的态度，不仅让他赢得了人们的尊重，更让我们看到了一个真正的科学家的风范。

他的坚持与执着、创新与探索、无私与奉献、谦虚与低调、热爱生活与积极向上的态度，都是我们学习的榜样。我们应该深入学习和传承袁隆平的精神，让自己成为一个有理想、有追求、有担当的人，为国家和人民做出更大的贡献。

第三节　中国首位诺贝尔医学奖获得者——屠呦呦

‖ 生平简介 ‖

屠呦呦（1930年12月30日至今），女，出生于浙江宁波，是家里5个孩子中唯一的女孩。"呦呦鹿鸣，食野之苹"，《诗经·小雅》的名句寄托了屠呦呦父母对她的美好期待。

屠呦呦是中国中医科学院首席科学家，"共和国勋章"获得者，首位获得科学类诺贝尔奖的中国人。她多年从事中药和中西药结合研究，创制出新型抗

疟药青蒿素和双氢青蒿素，挽救了全球特别是发展中国家数百万人的生命，被认为是 20 世纪热带医学的显著突破。"青蒿素"被非洲人民称为"中国神药"，屠呦呦也被称为"青蒿之母。"

‖ 人物概况 ‖

1951 年，屠呦呦考入北京大学医学院药学系生药专业。1955 年毕业于北京医学院（今北京大学医学部），毕业后接受中医培训两年半，并一直在中国中医研究院（2005 年更名为中国中医科学院）工作。

20 世纪 60 年代，屠呦呦和青蒿素故事开始。当时，引发疟疾的疟原虫出现强大的抗药性，原有治疗药物失效，全世界都在受疟疾之苦。越南战场上，疟疾愈演愈烈，越南政府向我国请求支援；在国内，疟疾也多次大范围暴发，平均发病率居高不下。

1967 年 5 月 23 日，我国启动"523"项目，全国 60 多个单位的 500 余名科研人员投入抗疟新药的研发中。年仅 39 岁，却已在中医药研究领域打下了坚实基础的屠呦呦临危受命，成为课题攻关组的组长。

简陋的设备、匮乏的资源、稀缺的人手，摆在屠呦呦面前的，是一个堪比攀登珠峰的艰难挑战。3 个月里，屠呦呦带领组员翻阅上百份中国古代医学典籍，走访名老中医，从 2000 多个抗疟药方中精选了 640 个药方，开始逐一排查实验。在经历了 190 次失败，筛选了 300 余种中草药后，东晋葛洪《肘后备急方》中对青蒿截疟的记载——"青蒿一握，以水二升渍，绞取汁，尽服之"给了屠呦呦新的灵感和启发。屠呦呦终于在 1971 年 10 月 4 日，发现 191 号青蒿乙醚中性提取物样品对疟原虫的抑制率达到 100%。临床阶段，屠呦呦又以身试药，亲自证实了青蒿素抗疟疗效的安全可靠。

如今，以青蒿素为基础的联合疗法，已经成为世界卫生组织推荐的抗疟疾标准疗法。作为青蒿素的重要发现者之一，屠呦呦的这一成果挽救了数百万人的生命。

‖ 学习延伸 ‖

同学们，一个有希望的民族不能没有英雄，一个有前途的国家不能没有先锋。国家建设背后往往有很多被我们遗忘的名字，直到他们功成身退我们才知道，原来祖国的某一个角落，一直有一群这样默默奉献的人。于敏如是，屠呦呦如是，还有很多我们叫不上名字的人亦如是。

屠呦呦的精神，正是我们民族的一个缩影。回首她的获奖经历，成功并不一定是依靠外界身份来衡量，一切都是靠自己。努力不会说谎，她总是与回报成正比的。"梅花香自苦寒来"，我们正应该学习屠呦呦的"韧劲儿"；"千锤万凿出深山"，我们要学习她的"钻劲儿"；"柳暗花明又一村"，我们要学习她的"悟劲儿"；"不畏浮云遮望眼"，我们还得学习她的"敢劲儿"。失败时，不气馁；困境时，不低头；登顶时，不张扬。守得住清贫，耐得住艰辛，忍得住蜚语。经得起挫折，以执着的信念、顽强的意志、宽阔的胸襟做好每一件事。假如生活欺骗了你，不要悲伤，不要心急，经历多了，失败多了，坚持下来，相信你一定会成功的。

第四节　感动中国人物——孔繁森

微课

‖ 生平简介 ‖

孔繁森（1944年7月—1994年11月29日），汉族，中共党员，山东聊城人，孔子第74代孙。孔繁森同志历任聊城地委宣传部副部长，西藏日喀则地区（现日喀则市）岗巴县委副书记，西藏拉萨市副市长，中共西藏阿里地委书记。2009年9月被中宣部、中组部等11部门评为"100位新中国成立以来感动中国人物"。

孔繁森作为新中国成立以来感动中国人物，被誉为"九十年代的雷锋""新时期的焦裕禄""领导干部的楷模""民族团结的典范"。他用真挚的爱民之情，赤诚的为民之心，强烈的富民之愿，在雪域高原上谱写了新时期共产党人坚持全心全意为人民服务的壮歌，把自己高大的身躯融入了这片雄奇、壮丽的土地。

2018 年 12 月 18 日，党中央、国务院授予孔繁森同志"改革先锋"称号，颁授改革"先锋"奖章。2019 年 9 月 25 日，被评为"最美奋斗者"个人。

‖ 人物概况 ‖

孔繁森出生在山东聊城一个贫苦的农民家庭。在党的培养教育下，他参军、入党，后来转业到地方工作。1979 年，国家要抽调一批干部到西藏工作，时任聊城地委宣传部副部长的孔繁森主动报名，告别年逾古稀的老母、体弱多病的妻子和三个尚处幼年的孩子，首离桑梓，到海拔 4700 多米的西藏自治区岗巴县任县委副书记。在岗巴工作的 3 年间，他跑遍了全县的乡村、牧区，访贫问苦，和当地群众一起收割、打场，干农活、修水利。

1988 年，已任聊城行署副专员的孔繁森二离故乡，任拉萨市副市长。孔繁森在拉萨市任职期间，分管文教、卫生和民政工作。到任仅 4 个月的时间，他就跑遍了全市 8 个县区所有的公办学校和一半以上的乡、村办小学，为发展少数民族教育事业殚精竭虑。在他和全市教育工作者的共同努力下，拉萨的适龄儿童入学率从 45% 提高到 80%。全市 56 个敬老院和养老院，他走访过 48 个，给孤寡老人送去了党和政府的温暖。

1992 年 12 月，孔繁森二次赴藏已期满，由于工作需要，自治区党委希望他到条件更为艰苦的阿里地区任地委书记，他又一次舍"小家"顾"大家"，留了下来，到被称为"世界屋脊的屋脊"的阿里地区任地委书记。号称"世界屋脊"的西藏高原，高寒缺氧，气候恶劣，而阿里又是西藏最艰苦的地区。那里平均海拔 4500 米，空气中的含氧量不足海平面的一半，最低气温零下 40 多摄氏度，每年 7 级至 8 级大风占 140 天以上，恶劣的自然环境、艰苦的生活条件使许多人望而却步。在不到两年的时间里，他行程 8 万多千米，跑遍了全区 106 个乡中的 98 个，访贫问苦，调查研究，寻求阿里地区摆脱贫困，实现富裕的振兴之路。工作之余，他还向当地卫生所的护士学习常用的医务知识，在走访中为缺药少药的牧民送药，其间用坏了四个随身小药箱。

　　为了制订把阿里地区的经济带上新台阶的规划，孔繁森准备在最有潜力的边贸、旅游等方面下功夫。为此，他带领有关部门，亲自到新疆塔城进行边贸考察。在孔繁森的勤奋工作下，阿里经济有了较快的发展。不幸的是，1994年11月29日，他完成任务返回阿里途中，不幸发生车祸，以身殉职，时年50岁。

　　人们在料理孔繁森的后事时，看到两件遗物：一是他仅有的8元6角钱；二是他去世前4天写的关于发展阿里经济的12条建议。这就是孔繁森留下的遗产。

‖学习延伸‖

　　同学们，我们从孔繁森身上体悟到了什么精神品质？孔繁森作为家中最小的儿子，本应留家尽赡养老人的义务，但在军队中锤炼的钢铁品格使他在国与家的抉择中毅然决然选择以国家利益为重。孔繁森和老母亲都深深懂得"公家的事误了不行"，国比家大，公比私大。离别时不舍，潸然泪下。公字当前，他成为一个纯粹的人。不顾他人建议，到被称为"世界屋脊的屋脊"平均海拔4500米的阿里地区任职。转正为地委副书记的他本可以在家乡过上稳定生活，却在国家最需要的时候挺身而出，舍小家为大家，走上援藏之路，一去便是数年。孔繁森将职业生涯贡献在西藏阿里地区，远离家乡，建设雪域，最后殉职于青藏高原的蓝天苍茫下。这样的人生，正如他所写的一句自勉之语："青山处处埋忠骨，一腔热血洒高原。"将工作看成虔诚的事业，才能把别人看来是极度的敬业状态，化作自己自然而然的人生常态。

　　作为新时代青年，应当学习孔繁森同志崇高的理想和坚定的信念，学习他的世界观、人生观和价值观，学习他全心全意为人民服务的精神。学习以孔繁森精神为代表的"老西藏精神"，将其精神内涵融入我们日常的学习生活中去。在日常生活中应当乐于助人，将为人民服务深入到生活的方方面面。在学习工作中，要刻苦学习技术知识，为日后走上工作岗位奠定基础。要甘于吃苦、勇于承担风险，为科研事业添砖加瓦，为人民群众的生命健康奋斗终身！

第五节　全国劳动模范——许振超

‖ 生平简介 ‖

许振超（1950年1月8日至今），出生于山东荣成一个贫穷的工人家庭。1968年，只上了一年半初中的他，成为一名普通工人。1974年，许振超进入青岛港，自此与码头结缘。

许振超是全国总工会兼职副主席，曾先后荣获"青岛市劳动模范""青岛市优秀共产党员""山东省有突出贡献工人技师""省自学成才先进个人""全国五一劳动奖章"，以及"全国交通系统劳动模范""全国劳动模范""全国人大代表""全国优秀共产党员"等荣誉，被誉为新时期产业工人的杰出代表。

2018年12月18日，中共中央、国务院授予许振超改革先锋称号，颁发改革先锋奖章，并获评践行"工匠精神"的优秀代表。

‖ 人物概况 ‖

1984 年，34 岁的许振超被选为青岛港第一批集装箱桥吊司机。当时桥吊的核心技术掌握在国外厂家手中，当机器故障停机时，企业只能高薪聘请外国专家来修理。

许振超常说："一个人可以没有文凭，可以不进大学，却不能没有知识。人要活出质量，就要孜孜不倦地学习，这样才不枉宝贵的一生。"面对技术的难题，许振超心里涌起一股冲劲，想要改变外方垄断技术的局面。他开始用每天下班的时间钻研桥吊控制板，一笔一笔绘制电路图。他读过的各类书籍有 2000 多册，写了近 80 万字的读书笔记。

凭着这股劲儿和日夜的苦学钻研，许振超从一名普通工人成长为一名专业的桥吊专家，干一行、爱一行、精一行，练就了"一钩准""一钩净""无声响操作"等基本功，不仅亲手带出"王啸飞燕""显新穿针"等一大批工人品牌，还打造出了一支"技术精、作风硬、效率高"的优秀团队。许振超带领团队按照"泊位、船时、单机"三大效率的标准要求，深入开展比安全质量、比效率、比管理、比作风的"四比"活动，先后 8 次刷新集装箱装卸世界纪录，"振超效率"名扬四海，"10 小时保班"服务品牌享誉世界航运市场。近年来，他积极响应国家节能减排的号召，组织实施了轮胎吊"油改电"技术改造，填补了这一技术的国际空白，年节约资金 3000 万元以上，噪声和尾气污染降低近零。

‖ 学习延伸 ‖

同学们，只有初中学历的许振超，秉承着"干就干一流，争就争第一"的精神，勤奋好学、刻苦钻研，能从一名普通码头工人成长为"学习型、知识型、创新型"的优秀工人代表，创新引领的"振超效率"享誉世界。

作为中职生的我们，应该学习他身上这种工匠精神，树立理想守信念、做一位学习型、创新型的新时代青年，懂技术会创新、敢担当讲奉献，在平凡的岗位上也能做出不平凡的成绩。

第六节　中国女排总教练——郎平

‖ 生平简介 ‖

　　郎平生于 1960 年 12 月 10 日，女，汉族，出生于天津市武清区一个军人家庭。郎平是前中国女子排球运动员、奥运冠军、中国排球学院院长、中国排球协会副主席、中国女排原总教练。她是中国女排的一面旗帜，身为运动员时，她是叱咤风云享誉世界的"铁榔头"；转身为教练后，她带领多年沉寂低谷的国家队重夺世界冠军再返世界之巅，创造了王者归来的传奇。

　　1995 年，郎平被聘为中国女排主教练。1997 年被国际排联评为年度女排"最佳教练"。2002 年 10 月，郎平入选排球名人堂，成为亚洲获此殊荣的第一届"华人大奖"。2016 年 8 月，郎平带领中国女排获得里约奥运会冠军。2016 年 12 月 15 日，获 2016CCTV 体坛风云人物年度最佳教练。2017 年 2 月 8 日，被评为 2016 感动中国十大年度人物。2018 年 12 月 18 日，党中央、国务院授予

郎平改革先锋称号，颁授改革先锋奖章。2019 年 9 月，郎平率领中国女排获得女排世界杯冠军。

‖ 人物概况 ‖

郎平 13 岁接受专业排球训练，1978 年入选国家队，成为袁伟民教练手下的一员虎将。1981 年，在日本举行的第三届女排世界杯上，扣球勇猛的郎平被解说员称为"铁榔头"，自此"铁榔头"就成了郎平的代名词。

在岁月和伤病面前，谁都会终究离场。1986 年，郎平退役。此后，郎平放弃了北京市体委副主任一职，选择了美国新墨西哥大学体育管理系现代化专业就读。不是每一个运动员都会转型成出色的教练，而郎平有意识地给自己的排球事业加入了"体育管理系现代化专业"的成分，拿到硕士学位后，郎平彪悍的执教生涯开始了。

辗转在意大利、美国、土耳其执教，曾经叱咤赛场的主攻手"铁榔头"郎平，积累了丰富的临场指挥经验，华丽蜕变为国际一流的铁教头。只要她带过的球队，不管底子多么差，都会成为一流。2008 年北京奥运会，时任美国女排主教练的郎平，率领美国队打败了中国队，并夺得银牌，这是美国女排在奥运会历史上的最好成绩。正因为如此，曾有人不理解她，也有人颇有微词，但郎平很霸气地回答："郎平是属于中国的。无论走到哪里，我时时刻刻记得，我是一名中国人。"

郎平对中国女排始终抱有深厚的感情。她两次回到国内给国家队当教练，都是临危受命。第一次是 1995 年，那时候昔日辉煌的中国队正处于低谷期，1992 年的巴塞罗那奥运会，中国女排获得第 7 名。1994 年，巴西举办的第 12 届女排世锦赛上，中国女排只获得了第 8 名，后来把亚运会的冠军都丢了。当时，袁伟民的一句话让郎平如今回忆起来依然动容："郎平，祖国真的需要你！"郎平接过了烫手的山芋。在郎平的带领下，中国女排重振雄风，在 1996 年的亚特兰大奥运会获得了亚军，1998 年拿下了世锦赛的亚军。

1999 年，因为身体与家庭的种种问题，郎平辞去了中国女排总教练的职务。

2013 年 4 月 25 日，告别中国女排 14 年之后，众望所归的郎平重掌女排帅印。尽管已经 53 岁了，但是一到训练场上还是原来那个劳心劳力的郎平，每堂训练课下来，不是膝盖肿了，就是腰动不了了。仅仅两年，中国女排在郎平的精心打磨下，一大批有天赋能吃苦的"90 后"小将脱颖而出。郎平先后率领中国女排获得 2014 年意大利世界女排锦标赛亚军、2015 年亚洲女排锦标赛冠军及女排世界杯冠军、2016 年里约奥运会冠军、2019 年世界杯女子排球赛冠军等多项荣誉。

‖ 学习延伸 ‖

同学们，其实中国女排的夺冠之路并不平坦，众多比赛对手实力强劲，特别是 2019 年里约世界杯女子排球中的巴西队，更是在过去 8 年连胜我们 18 次。然而，女排姑娘将不可能变成了可能，实现了华丽逆袭。"明知不会赢，也要拼了命！"永不言败的女排精神在她们身上闪闪发光！郎平作为中国女排的领军人物，更是用汗水和努力，带领着队伍走向世界之巅，展现了中华民族的骄傲和力量。

郎平的成功并非一蹴而就，而是经过了无数个日夜的苦练和挫折。正是因为她坚定的信念和不懈的努力，才有了今天的成就。她的故事告诉我们，成功需要付出汗水和心血，需要承受失败和挫折。

作为新时代的青年，我们应该学习郎平的精神，勇敢地追求自己的梦想，不畏艰难险阻，努力拼搏。只有这样，我们才能在人生的道路上越走越远，创造属于自己的辉煌。

第七节　司法体制改革的"燃灯者"——邹碧华

微课

‖ 生平简介 ‖

邹碧华（1967 年 1 月 18 日—2014 年 12 月 10 日），汉族，江西奉新人，中共党员，1988 年 7 月参加法院工作，在上海法院系统工作 26 年，从一名普通的书记员开始，先后任上海高院研究室副主任、民一庭副庭长、民二庭庭长、上海市长宁区人民法院院长，先后参与审理过一系列大案要案。2014 年 12 月 10 日，在工作中突发疾病，经抢救无效因公殉职，年仅 47 岁。

邹碧华是上海市高级人民法院原党组成员、副院长。参与最高人民法院"审判权力运行机制改革试点""司法公开三大平台建设改革试点"建设，为上海法院司法改革试点乃至全国司法体制改革做出突出贡献，被誉为司法改革道路上的"燃灯者"。曾获"改革先锋""全国优秀共产党员""时代楷模""全国模范法官"等荣誉。

▌▌人物概况 ▌▌

邹碧华始终秉持"做一名有良知的法官"的职业理念，依法公正审理了上海社保基金追索案、我国首例涉及英国皇家建筑协会 JCT 文本的建筑工程案、北方证券破产案件、艾滋病群体诉讼案等一大批在全国具有重大影响的案件，特别是在审理上海社保基金案件中，他提出了"先予执行"的方案，破解了追索 38 亿元案款的难题，为案件的成功审理做出重要贡献。他规范设立上海法院系统 12368 便民服务热线，受到群众欢迎。

上海是中央确定的首批全国司法体制改革试点地区之一。作为上海高院司法改革领导小组成员、司法改革领导小组办公室主任，邹碧华积极推进法院管理科学化，牵头起草上海法院司法改革试点工作实施方案，以前瞻性的改革视野、精深的法学素养、丰富的实践经验成为全国司法改革探路先锋。面对社会对司法改革的误解，面对需要协调的各方利益，他说："改革怎么可能不触及利益，怎么可能没有争议。"

邹碧华明确提出，司法改革的推进既要吃透中央精神，抓好工作落实，又要反对改革简单搞"一刀切"，最大限度凝聚改革共识，形成改革力量。为制订科学考核标准，他带领同事将上海 4 家试点法院所有法官 5 年来的人均办案量全部梳理一遍，研究提出案件权重系数理论并设计多项审判管理评估指标，为法院人员综合考评管理体系建设奠定坚实基础。为确保改革效果，他提出司法改革项目化管理理念，组织研究制订上海法院司法体制改革任务分解表，推动建立改革效果评估制度，通过动态跟踪、效果评估和信息反馈，实时研究解决司法改革进程中的问题。他创造性地将信息化手段、大数据、统计学理论等前沿技术引入司法改革，参与最高人民法院"审判权力运行机制改革试点""司法公开三大平台建设改革试点"建设。

▌▌学习延伸 ▌▌

同学们，邹碧华同志用一生书写司法的意义，把对党和人民的热爱融入了自己的信念与追求。习近平总书记对邹碧华同志先进事迹作出重要批示指出，邹碧华同志是新时期公正为民的好法官、敢于担当的好干部。他崇法尚德，践行党的宗旨、捍卫公平正义，特别是在司法改革中，敢啃硬骨头，甘当"燃灯者"，生动诠释了一名共产党员对党和人民事业的忠诚。

作为新时代的青年学子，要以邹碧华同志为榜样，在全面深化改革、全面依法治国的征程中，应当坚定理想信念，坚守法治精神，刻苦学习，忠于自己的追求，不轻言放弃，积极参与公益活动，奉献社会。努力作出无愧于时代、无愧于人民、无愧于历史的业绩。

第七章

自信圆梦　砥砺前行的复兴史

第一节　全国脱贫攻坚楷模——毛相林

微课

▌生平简介▐

毛相林，汉族，1959 年出生，重庆市巫山县竹贤乡下庄村党支部书记、村委会主任。从 1997 年起，毛相林带领乡亲们以"愚公移山"的决心和毅力，历经 7 年时间，在悬崖绝壁上凿出一条 8 千米长的"天路"。2005 年，毛相林又带领村民向贫穷宣战，历经 13 年时间，探索培育出"三色"经济，蹚出了一条致富路。2019 年 9 月，毛相林入选"中国好人榜"。2021 年 2 月，被评为"感动中国 2020 年度人物"。2021 年 2 月 25 日，被授予"全国脱贫攻坚楷模"荣誉称号。2021 年 6 月，被授予"全国优秀共产党员"称号。

▌人物概况▐

守初心，凿出"脱贫路"

重庆市巫山县竹贤乡下庄村，曾经极度偏僻，四周高山绝壁合围、生存环境恶劣、生活条件艰苦，是名副其实的"天坑村"。从"井口"到"井底"，垂直高度 1100 多米，外出只有一条在绝壁上的羊肠小道，到县城要走 3 天。

1995 年 12 月，毛相林接任老下庄村党支部书记兼村民委员会主任，下庄的闭塞和贫困成了压在他心中的一块大石头。当时全县村级干道建设规划是由易到难，下庄的路太艰险，未列入规划，县上何时规划修路也不确定。但下庄人要想改变贫困，唯一的"突破口"就是修通从"井底"到"井口"的公路。

看到过去封闭落后的邻村如今通了公路，家家电灯亮、户户电视响，毛相林下定决心要带领村民修路，走出贫困。在全村党员干部会上，毛相林对大家说："山凿一尺宽一尺，路修一丈长一丈，就算我们这代人穷十年、苦十年，也一定要让下一辈人过上好日子！"

1997 年冬，毛相林带领村民在"鱼儿溪"畔正式动工修路。村民们个个腰系长绳，趴在箩筐里，吊在几百米的悬崖上打炮眼，在悬崖峭壁上放炮，炸开一处处缺口，炸出"立足之地"，稳步向前推进。

自修路以来，毛相林身上的担子最重，白天要翻山越岭到各个工地巡查安全，晚上还要在工地上总结安排工作。为了早日修通绝壁路，毛相林最长在工地驻扎了 3 个月没回家。

为了修路，毛相林不知磨破了多少双胶鞋，手上和脚上磨起的血泡鼓了破，破了又鼓。到 2004 年，整整用了 7 年时间，毛相林带领村民克服了一个个困难，终于在悬崖绝壁上抠出了一条 8 千米长的"天路"，修通了人们盼望已久与外面世界沟通的连接路、出行路，让村民们看到了脱贫致富奔小康的希望。

用真心，蹚出"致富路"

出山的路通了，青壮年走出了下庄。看着留在村里的老人、小孩，还有成片撂荒的土地，40 多岁的毛相林留了下来。"我要在这片土地上开拓一条致富路。"

2005 年，老下庄村和两合村合并成一村，毛相林当选为新下庄村村民委员会主任。"作为群众选出来的村干部，带领大家脱贫致富，是我的本分。"在村民代表大会上，毛相林坚定地说。

毛相林学历不高，但他知道，要脱贫致富，除了先修路，还得发展产业。听说漆树值钱，他就带领几个青壮年爬上海拔 1000 多米的原始森林，挖回羊羔大木漆，在村里培育出 2 万余株漆树，没想到当年夏天树全部热死了。

后来他又在村里养山羊、种桑树养蚕，但都失败了……

为此，毛相林主动在村民大会上做了检讨，他也明白了"要懂科学，不能蛮干"。虽然屡战屡败，但毛相林下定决心一定要让下庄村走出一条产业扶贫的新路子。

他请来县里农业专家对下庄的气候、土壤环境进行全面的考察分析，确定了发展柑橘、桃树、西瓜三大产业。为打消村民顾虑，他积极争取县农委补助，组织村民代表到曲尺乡实地考察柑橘产业，还率先种植 10 亩柑橘，并让开车跑运输的儿子到邻近的奉节县自费学习技术，无偿为村民提供技术支持。几年下来，全村种下 650 亩柑橘，按照"村集体经济组织＋专业合作社＋产业＋农户"的模式，成立专业合作社进行统一管理，500 多亩已挂果，每年给村民增加收入 200 万元左右。

2019 年村里居民人均可支配收入达 12670 元，是修路前年收入的 40 多倍。毛相林带领村民历时 15 年，探索培育出"三色"经济，发展乡村旅游，将绿水青山变成金山银山，蹚出了一条"致富路"。

不忘本，传承"奋斗路"

毛相林常说："虽然现在条件好了，但下庄精神丢不得，还要一代一代传下去。下庄人的步伐不会止于打通绝壁上的天路，不会止步于脱贫路，还要走好乡村振兴的路，走上小康路！"

为激励下一代继续奋斗在脱贫攻坚和乡村振兴的道路上，让下庄精神一代一代传下去，2020 年 4 月，下庄人事迹陈列室在下庄村文化广场建成，广场上还屹立了一座"下庄筑路英雄谱"，上面刻着 108 位当年以生命挑战悬崖的村民姓名，彰显了下庄人用生命和汗水铸就的不甘落后、不等不靠、不畏艰险、不怕牺牲的"下庄精神"，承载了毛相林这一代下庄人的理想信念和价值追求。

‖ 学习延伸 ‖

毛相林说，等他从村民委员会主任岗位上退下来，他就做下庄人事迹陈列室的义务讲解员，为大家讲述下庄人脱贫奔小康的故事。他要把下庄精神传承下去，让来到下庄的人们懂得珍惜党和国家的好政策，珍惜现在的美好生活，建设和谐富足的美丽乡村。

第二节　中国第一位航天员——杨利伟

‖ 生平简介 ‖

杨利伟，汉族，1965 年出生于辽宁省葫芦岛市。2003 年 10 月 15 日，他乘

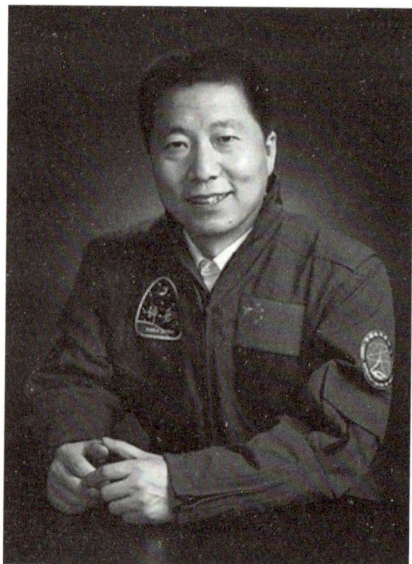

坐由中国自主研发的"神舟"五号飞船进入太空，并在 21 小时 23 分的太空飞行后顺利返回着陆，成为中国进入太空的第一人。如今，他已是特级航天员，中国载人航天工程副总设计师，国际宇航科学院院士，中国人民解放军少将军衔。

人物概况

1983 年，18 岁的杨利伟考进中国人民解放军空军第八飞行学院，经过四年的刻苦学习，成为一名正式空军飞行员。10 年间，他在祖国的万里蓝天上画出一道道飞行轨迹，积累了 1350 小时安全飞行经历，展现出优秀的政治、心理和身体素质。

1992 年，中国载人航天工程正式启动。1996 年，首批宇航员选拔工作在全空军范围内展开。谁都知道，航天员的选拔标准比空军飞行员还要严格无数倍，任何一个细小的指标不合格，都会被淘汰。为了这几千分之一的机会，杨利伟毅然放弃了近在眼前的晋升。1998 年，经过为期两年的艰苦训练和残酷淘汰之后，杨利伟从 1500 多名优秀空军飞行员中脱颖而出，成为中国首批 14 名航天员中的一个，进入北京航天员训练中心接受专业训练。

想要遨游太空，杨利伟和他的同伴们需要攀越重重阶梯。对于已经离开校园十几年的杨利伟来说，十几门艰深的基础理论课程就是他要攻克的第一道阶梯。他像准备高考的学生一样，废寝忘食地学习，"初来时的两年，晚上 12 点前没睡过觉。"他回忆道。他的英语基础比较薄弱，为记住单词和语句，他就让妻子每天通过电话提问，一遍一遍，反反复复，后来考试时，他居然考了 100 分。

第二道阶梯是航天环境适应性训练。这是一项"非人类"的训练。仅以其中的"超重耐力"训练为例，在飞船返回地球时，超重值将达到十几个 G，即人要承受相当于自身重量十几倍的压力。通常情况下，这很容易造成人呼吸极度困难或停止、意志丧失、黑视，甚至直接危及生命。杨利伟必须通过"离心机"训练来增强自己的超重耐力。在时速 100 千米高速旋转中，负荷从 1 个 G 逐渐加大到 8 个 G。杨利伟的面部肌肉开始变形下垂、肌肉下拉，前额高高突起。做头盆方向超重时，他的血液被压向下肢，头脑缺血眩晕；做胸背方向超重时，他的前胸后背像压了块几百斤重的巨石，造成心跳加快，呼吸困难。在这种情况下，杨利伟还必须随时回答提问，判读信号，保持敏捷的判断反应能力。每一次训练都如同炼狱一般。在他的手边有一个红色按钮，一旦挺不住了就可以立即按动红钮请求暂停，但是他从来没有动过放弃的念头。在他心中，国家的航天事业是天大的事，他为此付出什么都愿意。

其他的"阶梯"还有体质训练、心理训练、专业技术训练、飞行程序与任务模拟训练、救生与生存训练等。杨利伟刻苦训练，精益求精，将所有难关一一攻克。到最后的模拟飞行阶段，他闭着眼睛都能将数百个仪器的位置、颜色、作用精确还原，将数千条操作指令倒背如流，他自信地表示："如果遇到特殊情况，我不看操作手册，也完全能处理好。"

凭借出色的训练成绩和综合素质，杨利伟入选"3 人首飞梯队"。这就意味着，一份无上光荣且又无比危险的任务，很可能落到杨利伟身上。

人类自从开展载人航天活动以来，已有 22 名航天员献出了宝贵的生命。作为中国首次载人飞行的航天员，是在进行从零到一的探索，危险系数之高难以想象。对此，杨利伟早已做好心理准备。

"神舟"五号发射的当天凌晨，杨利伟在得知自己被确定为执行升空任务的最终人选时，他毫不紧张，也不激动，只是平静地和另外两名战友一起，在宿舍门上签名留念。后来，"宿舍门签名"成为中国载人航天的一项传统，被一批又一批即将进入太空的宇航员们纷纷效仿。

2003 年 10 月 15 日 9 时，在举世瞩目下，杨利伟乘坐"神舟"五号，开启了中国人征服太空的旅程。

虽然无数中国航天人已经为这次飞行夜以继日地做了充分的准备，但是意想不到的危险还是发生了。在飞船发射的上升阶段，火箭与飞船产生了低频共振，二者叠加在了一起，杨利伟感觉"好像四周都在敲锣打鼓，五脏六腑都快被震碎了"。这种濒死的感觉持续了 26 秒，杨利伟一动不动，用顽强的意志与之对抗，甚至已经做好了牺牲的准备。所幸的是，26 秒后，飞船逐渐稳定了下来，我们的航天英雄与死神擦肩而过！

当他完成既定的工作，从舷窗旁俯瞰地球时，看到祖国大地的灯火从飞船下掠过，心中不禁涌动出一股作为中国人的无比骄傲和自豪。他再也抑制不住激动的心情，在工作日志的背面写下了这样一句话："为了人类的和平与进步，中国人来到太空了！"

经历 21 小时 23 分的太空遨游之后，神舟五号返回舱在内蒙古顺利着陆。这标志着，中国一跃成为世界载人航天俱乐部的第三个成员，千百年的飞天梦想终于实现！

杨利伟迈出了中国人探索太空的第一步。此后，中国载人航天技术不断发展。迄今为止，已经有十七艘"神舟"飞船由我国的"长征"系列火箭发射升空，20 名宇航员 32 人次登上太空，4 次完成出舱作业，多名宇航员进入中国自主研发的"天宫"空间站从事太空研究，最长留驻时间已超过半年……可以说，几乎每一天都有来自中国的航天员在中国人自己的太空飞行器上工作。

在中国航天事业的壮丽征程中，杨利伟是一颗璀璨的明星！在这广袤星空中，还有无数无名英雄默默为国家事业奉献，为梦想坚守。他们或许不像杨利伟那样的光芒四射，但他们的付出同样闪烁着坚定的星辰。

▎学习延伸▎

杨利伟不仅是一位航天英雄，他的文学水平也非常高，往往能通过朴实的文字透露出常人难以想象的惊心动魄。同学们在初中学习过他撰写的《太空一日》，这篇课文选自他的著作《天地九重》，大家可以找来读一读，看看杨利伟和他身后成千上万的中国航空人，到底经历过什么样的困难和危险，才成就了中国航空灿烂辉煌的今天。

第三节　爱国实干家——任正非

生平简介

任正非，男，1944年出生于贵州省镇宁县。1963年考上重庆建筑工程学院（后合并入重庆大学）。1968年入伍当建筑兵，从普通战士干到技术副团级。1983年转业进入国企，1987年下海创业。他创立的华为技术有限公司如今已经是全球最大的通信技术解决方案运营商。

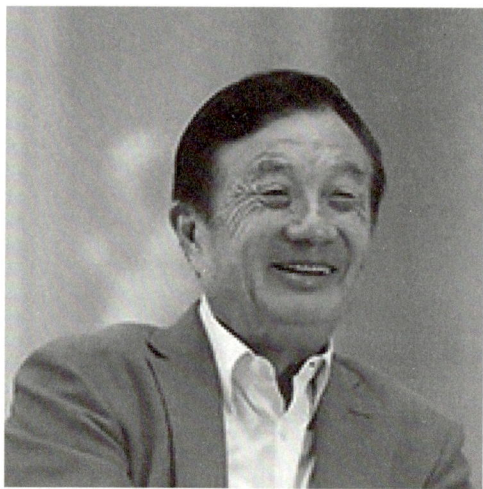

人物概况

任正非人生可谓坎坷不断。他在物质条件极端匮乏的年代中度过了自己的童年和少年。他的家兄弟姐妹很多，经常连饭都吃不上，但是他的父母始终坚持让孩子们读书。1963年，任正非考上重庆建筑工程学院（后合并入重庆大学）。进入大学后，他家的经济状况更加捉襟见肘，任正非学习更加刻苦，他自学了五门课程和三门外语。1968年，他入伍当了建筑兵。

1983 年，建筑兵种被整建制裁撤，他以副团级身份转业到深圳一家优质国企当副总。没想到的是，他在一次交易中被对方蒙骗，导致国有资产损失 200 万元。这次重大失误让 43 岁的任正非丢了"铁饭碗"，妻子与他离了婚，他上有老下有小，还要兼顾 6 个弟弟妹妹。一时间，人生陷入了低谷。

处于中年危机中的任正非没有时间去自怨自艾，他被迫走上了下海创业的道路。1987 年 9 月，任正非东借西凑了 2.1 万元，成立了华为公司。人们曾经信奉这样一句话："25 岁到 35 岁为创业最佳期，40 岁已经相当迟，40 岁以后更是例外中的例外。"任正非创业的时候已经 43 岁，似乎早已不适合创业。但是他后来的成功成为对这句话最有力的反驳。

在挖到第一桶金之前，任正非已经尝试过 14 种商品的买卖，亏了不少钱，也赚了不少经验。幸运的是，华为公司靠代理香港某公司的程控交换机翻了身。在做代理商的过程中，任正非敏锐地意识到了中国电信行业对程控交换机技术的渴望，也看到了国外企业对整个市场的把控。军人出身的任正非不由得生出一股"保家卫国"的决心。于是，从 1991 年开始，他把手上所有的钱几乎都投入研制自有技术中。他带领 50 多名技术人员日夜攻坚，小小的办公室塞了十几张床，谁实在困得不行就躺一会儿，饿了就吃碗泡面接着干。就这样，华为制造出了第一台拥有自主技术的交换机，功能不比国外产品差，价格却只有 2/3。任正非孤注一掷的冒险让华为从贸易企业转变成了技术型企业，也从此植入了自主创新的基因。

华为的产品性价比高，但是，国外企业倚仗经营多年、财力雄厚的优势，主动打起了价格战，导致华为迟迟无法打开市场。危机之中，任正非想到了当兵时常读的《毛泽东思想》，选择了"农村包围城市"的销售策略。事实证明，这一策略确实行之有效，华为也在这一过程中建立起了一支覆盖面广、对接精准、服务细致、跟进迅速的营销和售后团队，为后来华为的迅速扩张奠定了良好的基础。

华为的第二款产品也投入了大量人力财力，然而刚一研发出来就面临技术落后的窘境。为了继续研发新一代产品，任正非被迫借了高利贷。为了激励下属重新振奋精神，他甚至站在公司窗台上说："如果这次失败了，我只有从楼上跳下去。"幸好他们很快掌握了新技术，逆境重生。

为了进军海外市场，1997年开始，华为开启了一场艰难的"适国际化革命"。仅仅在集成化流程变革方面，任正非就投入了10亿元，这项改革与华为在国内借以立足的"急速响应、就地解决"服务方式完全相悖，遭到了重重阻碍，任正非展现出非凡的魄力，几乎完全凭借个人意志强制推行下去。后来的结果证明，集成化变革确是走向国际化、标准化的必经之路。在选人用人方面，他坚持"能者上、庸者下"，不惜得罪许多跟随他创业的元老，甚至一度面临人才整建制流失的危局。他坚信"公司的命运不能掌握在少数人的手上"，实行轮值CEO制度，把股份分给普通员工。这种既残酷又有人情味的管理模式，让华为始终保持蓬勃的生命力。

任正非总是不满足于当前的"领先"，眼光永远放在十年甚至二十年以后。早在2013年，华为就开启了5G的研发和布局。经过十余年的深度耕耘，华为已经成为5G技术标准的全球主导力量，是拥有5G专利最多的企业，目前已获得70多个5G商用合同，为全球5G技术的发展和商用做出了卓越贡献。

随着华为的逐渐强大，西方通信企业坐不住了。市场手段竞争不过，他们就采取政治手段对华为进行打压。从2019年开始，以美国为首的西方国家对华为进行重重制裁，不但切断了对华为的芯片供应，而且限制对华为的芯片技术出口，甚至以"莫须有"的罪名非法扣押任正非的女儿、华为首席财务官孟晚舟500余天，企图逼华为就范。站在悬崖边上，已经70多岁的任正非率领华为继续走自主创新之路，仅在2022年，就对旗下的海思芯片公司投入了238亿美元，终于取得不小的突破，为打破西方封锁撬开了一条缝。

正如尼采的名言："杀不死我的，必使我更强大。"如今的华为依然处于绝境，但是，华为从来不怕绝境，它在西方的打压下发愤图强，越来越强。

‖ 学习延伸 ‖

任正非秉持取长补短的"拿来主义"。在这种观念的指导下，华为的决策从来不以"政治正确"为第一考量：在全球建立了 26 个研发中心，跟踪世界先进技术走向；用高薪网罗全世界最优秀的人才为华为服务，不以学历、国籍为界限；每年拿出大笔资金帮助其他企业和机构进行科研探索，而且远远不限于电子通信领域。任正非还表示，华为一方面在努力进行芯片研究，但一旦西方政策有所松动，也会不惜重金直接购买国外的芯片，因为华为目前的最高纲领就是"活下去"。

有意思的是，作为华为创始人和精神领袖，任正非毫不掩饰自己和家人都喜欢用竞争对手"苹果"的产品，他直言苹果无论单品还是生态都做得很好，但是他也很自信："华为与苹果的差距正在缩小。"面对打着"支持民族品牌"旗号的"爱国生意"，任正非很警惕，他指出："你选择华为，是因为它是一个好商品，而不是因为它是中国品牌。同样，你觉得苹果好就选择苹果，不要因为它是美国的就用或者不用。这只能是一个市场的选择，不要和政治挂钩。""如果我们拥抱狭隘的民族主义、民粹主义，结局必定是'去中国化'。如果我们面对暴风骤雨，坚定不移以实际行动推动改革开放，风雨过后一定会是彩虹。"

任正非说过："我爱我的国家，不希望它再被人欺负！"他努力以一家企业之力推动国家整个产业的发展，提高了民族企业的话语权。作为一名企业家，他的爱国，是以自强不息为内核的爱国，是以自主发展为目标的爱国，是以公平竞争为原则的爱国，是以实用主义为手段的爱国。多读读他的故事，或许我们能获得更多启发。

第四节 敦煌的女儿——樊锦诗

‖ 生平简介 ‖

樊锦诗，汉族，中共党员，浙江杭州人，1938 年 7 月出生于北平（现北京）。曾任敦煌研究院院长，现任敦煌研究院名誉院长、研究馆员，兰州大学兼职教授、敦煌学专业博士生导师。在敦煌研究所坚持工作 40 余年，被誉为"敦煌女儿"。2018 年 12 月 18 日，被党中央、国务院授予改革先锋称号；2019 年 9 月获"文物保护杰出贡献者""最美奋斗者"国家荣誉称号；2020 年，被评为"感动中国 2019 年度人物"；同年获得何梁何利基金科学与技术成就奖。

‖ 人物概况 ‖

樊锦诗出生于北平（现北京）的一个富裕家庭，成长于上海的繁华都市，父母都是知识分子。她从小聪明懂事，读书努力，特别喜欢文学和历史，1958年以优异的成绩考进了北京大学考古系。

进入大学后，樊锦诗彻底脱离了在家锦衣玉食、被人照顾的大小姐日子，她虽不娇气，生活自理能力却比较差。她没有抱怨，开始学着独立生活。

到毕业实习的时候，因为对莫高窟的向往，樊锦诗没有多想，选择了在莫高窟进行实习。

从北京出发，她跟老师和同学转了好几次车，花费了几十个小时，才到达了目的地。

第一次看到敦煌时，樊锦诗是有些失望的。这里贫瘠、荒凉，举目四望，除了荒草就是黄沙。樊锦诗居住的地方也十分简陋，只是一间破败的寺庙，屋里除了一个昏暗的电灯泡，再也不见其他电器。饮用水是苦涩的盐碱水。晚上只能用蜡烛或手电照明，上趟厕所都要跑好远的路。半夜里，房梁上的老鼠吱吱叫着掉在被子上，吓得她直掉眼泪。

可是，所有的失望和沮丧，都在她进入莫高窟，看到那一幅幅精美的壁画时烟消云散。那些壁画是那么生动，那么美丽，她完全沉浸在了那份壮丽灵动的美里。

1963年，樊锦诗正式毕业。敦煌向她发来了邀请，希望她可以去莫高窟工作。

当时，她的恋人彭金章已经被分配到了武汉工作，她的父母则希望她能就在家乡附近工作。可是，樊锦诗已经被敦煌精美的壁画深深吸引，她自作主张，选择再次奔赴敦煌。

樊锦诗来到敦煌之前，曾经跟彭金章有一个约定：三年之后，她就离开敦煌，跟他一起在武汉结婚生活。

可是，三年之期已到，樊锦诗却爽约了。她告诉彭金章，自己离不开莫高窟，它已经是自己生命的一部分了。彭金章也并未怪罪她，毅然和她结了婚。

不过，二人一个天南，一个地北，整整分居了十九年。

樊锦诗在敦煌度过了整个职业生涯。即使是怀孕产子，也是在敦煌完成的。

在第一个孩子出生时，彭金章坐了两天的火车，从武汉赶来敦煌陪她，夫妻俩一起度过了十几天的日子，彭金章便因为工作原因，不得不再次返回武汉。

孩子小，樊锦诗又要工作，便用被子在床上堆成一个圈，然后把孩子放在里面，自己进入莫高窟工作。每次工作时，她都是提心吊胆，生怕孩子有个万一。

1986年，彭金章为了支持妻子的工作，放弃了他在武汉大学的事业，调到敦煌研究院和妻子并肩作战。

樊锦诗对丈夫的理解与支持深为感动，认为"他是打着灯笼也难找的好丈夫"。她说自己在家庭和事业的两难选择上，更倾向于家庭，"如果说爱人不支持我，那我肯定就要离开敦煌了，我还没伟大到为了敦煌不要家、不要孩子。我不是那种人。"

60岁时，樊锦诗成了敦煌研究院第三任院长。

那时候莫高窟已经闻名天下，旅游经济蒸蒸日上。1998年左右，全国掀起"打造跨地区旅游上市公司"热潮，有关部门要将莫高窟捆绑上市。

樊锦诗却坚决不同意。她认为："文物保护是很复杂的事情，不是谁想做就可以做的，不是我樊锦诗不想让位，你要是做不好，把这份文化遗产毁了怎么办？全世界再没有第二个莫高窟了。"她觉得自己有责任保护好祖先的遗产，"如果莫高窟被破坏了，那我就是历史的罪人。"

樊锦诗发现，莫高窟里的壁画正在一点点消退，为了留下这些瑰宝，她开始了日夜的思索和研究。

她首先想到的是吸引更多年轻人来到莫高窟，让年轻一代担起守护壁画的责任。因此，她投入了大量的资金，改善工作人员居住条件，提高工作人员的工薪待遇，尽量满足这些高学历人才的需求。在她的努力下，莫高窟已经拥有了多位有博士学位的研究人员了。

敦煌研究院一直致力于用高科技手段对壁画进行保护和修复。可是，修复的速度远远比不上壁画消失的速度。樊锦诗想到了建立"数字敦煌"，将洞窟、壁画、彩塑及与敦煌相关的一切文物加工成高智能数字图像，同时也将分散在世界各地的敦煌文献、研究成果以及相关资料汇集成电子档案。经过数字化处理之后，壁画就可以得到另一种形式的"永生"。现在，游客们无须进入洞窟，只要有网络，就可以欣赏到莫高窟里的所有壁画。莫高窟也因此登上了更宽阔的舞台，在国际上更加有名。

▐▌学习延伸▐▌

2020年5月17日，樊锦诗因为卓越的成就和贡献，被评为"感动中国"2019年度人物，她的故事响彻全国，被人们亲切地称为"敦煌女儿"。而这个称号，无疑是对她一生最好的诠释。

第五节　逆行医者——钟南山

微课

▐▌生平简介▐▌

钟南山，汉族，1936年出生，福建厦门人，中共党员。中国工程院院士，广州医科大学附属第一医院国家呼吸系统疾病临床医学研究中心主任。他长期致力于重大呼吸道传染病及慢性呼吸系统疾病的研究、预防与治疗，成果丰硕。2003年"非典"疫情中，他不顾危险救治危重患者，不惧权威向公众披露实情，主持制订我国"非典"等急性传染病诊治指南，为战胜非典疫情做出了重要贡献。在新冠疫情中，他再次临危受命，奔赴疫区指导医疗救治工作，成为抗击新冠疫情的领军人物。他获得中国首批国家级有突出贡献专家、全国卫生系统优秀留学回国人员、全国五一劳动奖章、"感动中国"2003年度人物、国家科学技术进步奖一等奖、白求恩奖章、100位新中国成立以来感动中国人物、改革先锋、最美奋斗者、全国优秀共产党员等奖项和荣誉称号。2020年8月11日，被授予中华人民共和国最高荣誉勋章——共和国勋章。

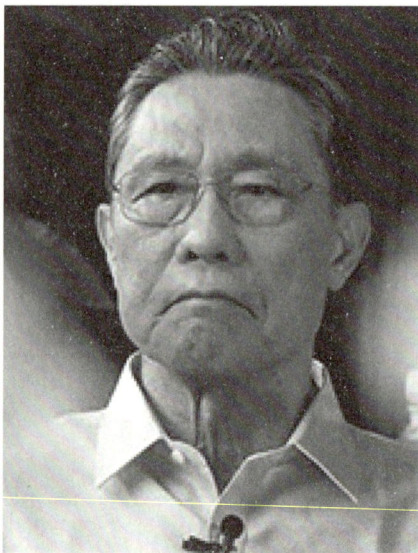

▌人物概况▐

2020 年初，新冠疫情给正处于春节假期的中国人一个措手不及。在惊恐与慌乱中，人们收到了一份忠告："没有特殊情况，不要去武汉。"

可是说话的人自己却偏偏踏上了前往武汉的列车。

没有人说他骗人。

因为他是钟南山。

一时间，钟南山的名字密集地出现在人们的视野，成为老百姓心中抗击新冠疫情的"定海神针"。

为什么人们如此相信他？

答案要回溯到 2003 年。

那一年，一种被称为"非典"的呼吸道疾病在广东、北京等地迅速蔓延，致死率高得可怕。一波波患者涌进医院，一批批医护人员被传染，但医生用尽能用的药却毫无办法，只能眼睁睁等着老天爷的判决。

医学专家都在拼命想办法。北京方面，有权威人士宣称"'非典'的病原基本可确定为衣原体"，并建议使用抗生素治疗。

很多医生已经发现，使用抗生素效果并不好。但在当时一团懵的局面下，大部分人倾向于采纳这个建议。

只有钟南山提出了反对意见："病原不是衣原体，不能使用抗生素。"

公开挑战权威和同行，这是很"没情商"的行为；况且，在对病毒了解甚少的情况下，说出这样肯定的话，万一判断错了，一定会名誉扫地。

但钟南山认为："这不是一般的学术争论，事关患者的生死，耽误时间，用错了药，就可能多死几百人。"

于是他选择了"叛逆"。

他的坚持，使广东在"非典"防治中没有走更多的弯路，广东省"非典"病死率全球最低（3.8%）。钟南山团队提出的救治方法，也成为我国"非典"诊治指南的基础，大大提高了治愈率，明显缩短了治疗时间。

钟南山的"叛逆"，远不止那一次。

2003 年 4 月，钟南山出席卫生部（现卫生健康委员会）在北京召开的新闻发布会。会上，一名官员宣称"疫情已得到有效控制"。

尽管会前已经被告知"不要讲太多"，但钟南山还是忍不住开口反对："什么叫现在已经控制？根本就没有控制！目前病原都还没搞清楚，你怎么控制它？"

他很清楚，在那样的场合下讲出那样的话，意味着什么。

但是，他坚信"真话和真药一样重要"：

"当时全国疫情都在蔓延，我们所的医生都倒了 20 个了，实在不能扯淡。"

"'非典'是疫情，社会上的谣言和恐慌则是另一场疫情。现在回头看，后者的破坏力更大。"

正是钟南山敢于逆流而行讲真话，才让高层和民众真正明白了疫情的紧迫状况，为中国抗击"非典"的战役打响了第一枪。如果不是钟南山的"叛逆"，也许"非典"的结局真要改写。

从此以后，"钟南山"这个名字成为老百姓心中良知和勇气的代名词。

2020 年，在新冠疫情蔓延的紧要关头，已经84岁的钟南山再次选择"逆行"，匆匆踏上疫情重灾区。

这一次，他依然坚持"讲真话"。

他说："肯定人传人。"第二天，出行的人几乎都用口罩把自己捂严实，对阻断病毒的传播起到了重要作用。

他说："医护人员有感染。"广大医护人员的自我防护工作立刻引起了高度重视，有效保存了抗击新冠的中坚力量。

他说："要按病情分级治疗。"重症患者得到更集中的医疗资源，轻症患者避免了过度治疗和交叉感染风险，同时大大减轻了医院的救治压力。

他说："新冠疫情可控可治。"安抚了14亿中国人惶恐的心，让人们充满了信心和勇气。

和17年前一样，他不顾疲惫地连轴工作：分析和预判疫情走势，开展临床特征研究，为重症患者制订救治方案，总结标准化治疗方案，率领团队分离病毒活毒株，同世界各国专家交流经验，向公众传播疫情防控知识……钟南山用求真务实、科学严谨的手段，为政府作出科学、全局的决策提供了依据，为全国抗击新冠疫情做出了不可替代的贡献，让人忍不住感叹：这就是真正的"国士无双"！

▌▌学习延伸▌▌

正如美国前国务卿基辛格在《论中国》一书中写到的："中国人一直都是幸运的，他们总是被最勇敢的人保护得很好。"在疫情来势汹汹之际，钟南山就是最勇敢的人之一。从他身上，我们看到了无畏的勇气、求真务实的态度、勇于担当的精神以及无私奉献的高尚品质。正是因为有了像钟南山这样的英雄人物的存在，才使得我们的国家不断前行、民族不断壮大。他们的事迹和精神将永远激励着我们奋发向前！

第六节 燃灯校长——张桂梅

微课

‖ 生平简介 ‖

张桂梅，原名张玫瑰，满族，中共党员，1957 年 6 月生于黑龙江省牡丹江市，原籍辽宁省岫岩满族自治县，1975 年 12 月参加工作，1998 年 4 月加入中国共产党，丽江华坪女子高级中学书记、校长，华坪县儿童福利院院长（义务兼任），丽江华坪桂梅助学会会长，中共二十大代表，中华全国妇女联合会第十三届副主席（兼）。

张桂梅扎根云南贫困山区 40 多年，坚守教育理想，推动创建了中国第一所免费女子高中，2008 年建校以来已帮助近 2000 位面临辍学的山区女孩圆梦大学校园。她以共产主义信仰为办学教育模式，铸造了乡村教育史上的奇迹，展示了锐意改革、敢打敢拼的光辉形象。2020 年 6 月 29 日，被云南省委宣传部授予"云岭楷模"称号；7 月，全国妇联授予张桂梅"全国三八红旗手"称号；12 月 3 日，被中共中央授予"全国优秀共产党员"称号；12 月 10 日，被中宣

部授予"时代楷模"称号。2021 年 2 月 17 日，被评为"感动中国 2020 年度人物"；2 月 25 日，荣获"全国脱贫攻坚楷模"荣誉称号；6 月 29 日，张桂梅被党中央授予"七一勋章"并在"七一勋章"颁授仪式上发言。2021 年 11 月，获全国道德模范荣誉称号。

‖ 人物概况 ‖

1990 年，张桂梅随丈夫到大理的一所中学任教。然而好景不长，她的丈夫在 1996 年因为癌症去世了。为了离开伤心地，张桂梅主动来到偏远的丽江华坪县，选择了条件最差的华坪民族中学教书。

张桂梅一心扑在教学上，用忙碌的工作驱赶心中的伤痛。但没几个月，她就被查出严重的子宫肌瘤，需要马上手术。当时她所教的四个班级面临中考，为了不耽误教学进度，她瞒着所有人，硬生生拖了两个多月才住院治疗。当年为了给丈夫治病，张桂梅已经花光了积蓄，还借了不少债，所以再次面临疾病的挑战时，她几乎已经毫无还手之力。绝望之际，华坪县妇联动员全县给张桂梅捐款，把她从鬼门关拉了回来。张桂梅对华坪十分感激，决心用更加努力的工作来回报这个虽然贫穷但充满温情的小城。

很快，张桂梅发现一个不寻常的现象：很多女孩子读着读着就辍学了。她们有些家庭经济条件的确很差，但也有一些女孩家条件尚可，她们的父母却习惯性地逼迫女儿小小年纪就嫁人，或者打工补贴哥哥弟弟上学。张桂梅意识到，女孩们陷入了一个可怕的循环——出生在愚昧的家庭，早早结婚生子，成为没有文化、一辈子窝在贫困家庭里的母亲，然后让下一代重复自己的人生轨迹。要改变她们的命运，唯有让女孩多读书，走出大山！

张桂梅决心办一所全免费的女子高中。

然而，办一所学校何其艰难！

从决定办学的那一天起，张桂梅就把自己变成了一个"乞丐"。她一有空就找到华坪县各级领导软磨硬泡，但华坪是个贫困县，维持基本财政支出尚有困难，更不要说再建一所免费高中了。为了筹钱，每逢寒暑假，张桂梅就来到省会昆明，在人流量最大的街头摆出自己获得的一大堆荣誉证书复印件，逢人便请求捐款，却遭遇了无数白眼和讥讽，被称为"骗子"，甚至被人吐口水。有一次她去一家企业"化缘"，对方却放狗咬她。张桂梅跌坐在地上放声大哭，既为自己所受的委屈，更为无法实现梦想而感到深深的自责和不甘。

事情终于在2007年有了转机。那一年，工作出色的张桂梅当选党的十七大代表。张桂梅平时衣着十分简朴，每件衣服都穿到发白破洞才舍得扔。临去北京开会前，县里特意资助她7000元，让她买一身像样的正装，可她转手就用这笔钱给学生买了台电脑，自己穿着一身旧衣服参会。会场上，她破了洞的牛仔裤引起了一位女记者的注意。那天会后，张桂梅把这些年办学校的艰难和执着向这位记者倾诉了一整晚。不久后，一篇名为《"我有一个梦想"——访云南省丽江市华坪县民族中学教师张桂梅代表》的报道发表出来，张桂梅"不切实际"的梦想终于受到社会的广泛关注。

2008年9月，在各级党委政府和社会各界的关心支持下，丽江华坪女子高级中学（以下简称"华坪女高"）正式开学。建校之初，学校只有一栋教学楼，没有食堂，没有宿舍，没有围墙，连厕所都要"蹭"隔壁一所学校。师生们在教室里利用桌椅搭成简易"宿舍"，白天教学，晚上，张桂梅就带着女老师跟学生们一起睡桌子，男老师则在教学楼的楼梯间搭起木板床，轮流值守。

就在张桂梅雄心勃勃想要大干一场的时候，却再次遭遇意想不到的困难。因为条件差、待遇低、管理严苛，半年时间全校仅有的17名教职员工中有9名相继辞职离开，100名学生中有6名提出转学，学校眼看就要办不下去了。张桂梅急得不行。就在她整理学校档案的时候，突然发现，在留下的8名老师中，有6个人是共产党员。她心中的信念顿时重燃：只要还有一个党员，就绝不会让阵地丢失！她马上在黑板上画出一面党旗，组织老师们重温入党誓词。当念到"为共产主义奋斗终身"的时候，张桂梅哭了，老师们也哭了，在他们身后，孩子们都哭了。

　　来华坪女高读书的女孩大多数的学习基础都非常薄弱，一些学生进校时只能考十几分。为了在短短三年里让孩子们的成绩提高到足以考上比较好的大学，张桂梅不得不采取极其严苛的管理方式。每天早上 5 点，她就拿着大喇叭催促孩子们起床读书；课间，她要求孩子们 1 分钟内跑到操场排队做操；打饭排队时，她盯着孩子们见缝插针背书；晚上 12 点，她又把孩子们赶上床睡觉，自己则直到 1 点才能拖着疲惫的身躯躺下。为了不让一名女孩失学，张桂梅不顾山路崎岖危险，坚持家访 11 年，遍访贫困家庭 1300 多户，行程 12 万多千米，没有报销过一分钱。为了改善办学条件，她把自己的大部分工资、奖金和社会各界给她个人的全部捐款 100 多万元，都投入贫困山区教育中。除了担任华坪女高的书记、校长，她还长期义务兼任华坪福利院院长，20 年来养育了 136 名孤儿，被孩子们亲切称呼为"妈妈"。

　　常年超负荷的工作夺走了张桂梅的健康，她身患血管癌、肺气肿、肺纤维化、小脑萎缩等十多种疾病，无法独立坐卧，走路颤颤巍巍，手脚贴满膏药，吃的药比饭还多。但是，她依旧坚持每天陪伴孩子们一起学习，不遗余力践行着"只要我还有一口气，就要站在讲台上"的承诺。

　　宝剑锋从磨砺出，梅花香自苦寒来。2011 年，华坪女高第一届参加高考的 96 名学生，全部考上大学。办学至今，华坪女高的高考综合成绩始终排名丽江市第一，近年来本科上线率达到 94% 以上，共有近 2000 名女孩从这里走出大山，走进大学。如今，她们有的当了医生，有的成了警察，有的进入部队，还有不少人和她们敬爱的"张妈妈"一样，成了人民教师。她们来自不被看见的角落，是张桂梅和华坪女高，帮助她们看到了自己身上无限的可能，并赋予她们自强不息、活出精彩的勇气和力量。

‖ 学习延伸 ‖

　　"教育好一个女孩，可以改变三代人的命运。"正是坚守着这份朴素的信念，张桂梅不惜燃烧自己的生命，化为一道光，照亮女孩们的心房，也照亮山区未来的路。有人批评张桂梅奉行的是"填鸭式"的应试教育。面对质疑，张桂梅从来都欣然接受，她承认自己的学生学得苦，老师教得苦，跟素质教育的理念相差千里。但是她非常清楚："你心疼她，她飞不出去的，她这一辈子还在穷坑里，我们还得世世代代地扶着。要想斩断穷根是要受点痛苦的，是要做出点牺牲的。"读书很苦，却是阻断贫困代际传递最容易的办法，这是个必然经历的艰难征程。

第七节　职教走出的美发世界冠军——聂凤

微课

‖ 生平简介 ‖

聂凤，汉族，出生于 1993 年，重庆人。2015 年，聂凤代表中国队出征在巴西举办的第四十三届世界技能大赛，一举夺得美发设计冠军，成为"世界第一剪"，不仅实现了中国该项大赛金牌零的突破，还成为亚洲参赛国家 65 年来该赛项第一个世界冠军。2016 年，年仅 23 岁的聂凤被破格评为副教授，享受国务院政府特殊津贴。

‖ 人物概况 ‖

聂凤从小就对美发有一种莫名的兴趣。当她从电视上看到发型师通过吹拉剪烫，瞬间就把一个普通人变得光彩照人的时候，总是惊叹不已，忍不住在心里幻想自己有一天也能掌握这门技术，帮人"改头换面"。

所以在初中毕业后，聂凤就想学习美发造型。可是在父母看来，美发是非主流的行当，既没有前途，也没有面子，聂凤初中成绩虽然一般，但进入一所普通高中还是勉强读得下去的。聂凤自己却想得很清楚：与其把三年浪费在自己不擅长、不喜欢的事情上，不如早点进入自己喜欢的领域。父母拗不过，最终尊重了她的选择。

初中毕业那个暑假，聂凤进了一家美发店提前进行职业体验。一开始，她只能给顾客洗头，每天要洗三四十个头。她发现，在普通理发店里没法学到她真正想学的东西。此后，她开始留心美发大师的信息。终于，她找到了启蒙恩师——后来对她职业发展影响巨大的何先泽先生。

在美发界，何先泽可算得上是个"奇人"：2008年"全国技术能手"、2010年"中国美发大师""重庆劳模"、全国首个拿国务院政府特殊津贴的美发专家……同时，他还是重庆五一技师学院美发与形象设计专业的老师。聂凤认定，"想学真本事就得跟着何先泽这样的大师"，便直接跑到他的工作室要"拜师学艺"。望着眼前这个有些冒失又无比真诚的小姑娘，何先泽爽快地收她为徒，把她带进重庆五一技师学院，接受系统的学院派美发教育。

重回校园的聂凤，收起过去贪玩的毛病，全身心投入造型美发的学习中。为了尽快提升自己的能力，除了上课，她还在老师的工作室里进行封闭训练。"每天至少练习、操作12个小时，一年到头基本上没休息过。苦练出真功夫。很快，聂凤就在何先泽众弟子中脱颖而出，入选国家队备战世界技能大赛。"读书的时候没当上'尖子'，没想到学技术的时候竟有机会成为第一。看来，这条路我还真是选对了！"她为自己取得的第一步成功感到骄傲又庆幸。

聂凤没想到的是，接下来的路，她走得异常艰辛。

世界技能大赛是最高层级的世界性职业技能赛事，被誉为"世界技能奥林匹克"，其竞技水平代表了各领域职业技能发展的世界先进水平。每届比赛，每个国家只能派出一名选手参加一个项目，参赛机会十分宝贵。所有的参赛者跨入这道门槛前，都必须经过层层选拔，站上国内选拔赛的金字塔尖。

为了能走上世界舞台，聂凤更加努力。从早上7点开始，到晚上10点结束，除了专业训练，每日还有近两个小时的体能锻炼。备赛期间，聂凤每天练习的头模至少3个，一年能剪掉一千多个头模。即使这样，聂凤还是连续两届在集训阶段被淘汰下来。

六年光阴就在无数次的训练、比赛、失败和坚持中过去了。到了2015年，聂凤感到压力倍增："世界技能大赛对参赛选手有年龄限制，一般要在22岁以下。这次比赛是我最后一次机会了！"她吸取多次比赛的经验教训，调整好心态，终于赢得了第四十三届世界技能大赛的"入场券"。

世界赛场更是严苛而残酷。比赛时，考官会在一个头模上出八道题，选手照着模型做，题中涵盖美发行业里的所有技能。每道题又细分为几个大项，每项有二三十个评分点，对应的几十名评委，每人手里只有零点几分。4天比赛时间分成八个模块，最长的项目需持续站立近5个小时；在4平方米的赛位上，选手要抵抗距离自己仅两米的观众干扰，完成洗、剪、染、烫及清洁环节。

"要求是，一看到模型的头发量，就要判断染膏用量，精确到'克'，在某个部分多用了几克染膏，都可能全盘皆失。每根头发丝的流向不正确会被扣分，整个发型的纹理形状不到位会被扣分，甚至做完造型之后不扫地都会被扣分。"聂凤在赛后复盘时感叹道，"想做大师，就得对完美和细节有一种近乎'变态'的执着。"

终于，聂凤站到了最高领奖台上，成为中国乃至亚洲第一个夺得该项赛事冠军的选手，也是中国在世界技能大赛上的第一位女性冠军。不久后，聂凤被重庆五一技师学校破格成为副教授，成为国家队教练，享受国务院政府特殊津贴。

如今，聂凤有了一个更大的梦想，那就是让美发行业得到社会的认可。聂凤觉得："最好的办法，是职业教育和培训，'大师'钻研和积攒技术，学生通过专业培训进入美发行业，行业的标准和秩序也随之进入社会。工作稳定了，职业有尊严，技师们就能坚守岗位，人才不再流失，行业发展就有了持续性。"

"而这种职业培训没有什么捷径可走，也不能抱什么侥幸心理，"她说，"唯有坚持。"

▌学习延伸 ▌

"三百六十行，行行出状元。"聂凤用实实在在的技能剪出了一名技校生的逆袭之路。她的故事告诉我们，不是职业赋予人以尊严，而是人赋予职业以意义。无论从事什么行业，只要肯学肯干肯钻研，练就一身真本领，脚踏实地、勤勤恳恳、尽职尽责、精益求精，就都能在工作中发现广阔的天地，提升自己人生的价值。同学们，让我们用实干成就梦想，在平凡中彰显不凡！